HEYNE <

Jost Kaiser

TYPISCH HELMUT SCHMIDT

Neue kleine Geschichten
über einen großen Mann

WILHELM HEYNE VERLAG
MÜNCHEN

MIX
Papier aus verantwortungsvollen Quellen
FSC® C014496

Verlagsgruppe Random House FSC® N001967
Das für dieses Buch verwendete FSC®-zertifizierte Papier *Munken Premium Cream* liefert Arctic Paper Munkedals AB, Schweden.

Umschlaggestaltung: David Hauptmann,
Hauptmann & Kompanie Werbeagentur, Zürich,
unter Verwendung eines Fotos von Roland Witschel/
picture alliance/dpa
Satz: EDV-Fotosatz Huber/
Verlagsservice G. Pfeifer, Germering
Druck und Bindung: GGP Media GmbH, Pößneck
Printed in Germany 2013
ISBN: 978-3-453-20052-4

www.heyne.de

Vorwort, oder:

Wie ein Land lernte, Schmidt/Langenhorn zu lieben

Man muss es sagen: Das war nicht vorherzusehen. Seit nunmehr mindestens zehn Jahren entspinnt sich vor unseren Augen eine Liebesgeschichte: Deutschland liebt Schmidt.

Rückblende. 1. Oktober 1982. Helmut Schmidt steht von seinem Abgeordnetensitz auf, um dem neuen Bundeskanzler Helmut Kohl zu gratulieren. Schmidt war in diesem Moment unglaublich unbeliebt. Ja, liebe Nachgeborenen, dieser Mann war einmal unbeliebt, wirklich. Er war der Raketenkanzler, der Arbeitslosigkeitskanzler, der Atomkraftkanzler, der Mann, der die inzwischen grüne Jugend nicht mehr verstand und sie, wenn er sich ihr zuwandte, höchstens belehrte; er war der unfreiwillige Gründungsvater der Grünen, der Totengräber der vom Sozialismus träumenden SPD, die erleichtert war, nun endlich ohne Rücksicht auf den Mann mit der Lotsenmütze wieder links sein zu dürfen.

2013. Schmidt sitzt bei Beckmann, Schmidt hat ein neues Buch zu China (sofort auf der Bestsellerliste), Schmidt deutet die Welt – und das Land macht einen Diener, egal was der Altkanzler sagt. Zugegeben: Dieses Verhältnis Deutschland-Schmidt hat auch etwas Unkritisches. Das Feuilleton, längst schwer genervt vom Schmidt-Phänomen, wittert Ungemach: Ist das nicht das Antlitz des autoritätsseligen Deutschland, das sich von dem alten Mann aus Hamburg sagen lässt, wo's langgeht? Ist dieser Personenkult nicht einer Demokratie unwürdig? Und in der Tat: Schmidt redet zuweilen Unsinn (zum Beispiel über die Möglichkeit von Demokratie in China) und wird trotzdem bejubelt. Aber es ist eben die Krankheit der Intellektuellen und Feuilletonisten, unter Generalverdacht zu stellen, was die Masse verehrt. Kann man es nicht etwas tiefer hängen? Vielleicht ist es einfach so, dass Deutschland Schmidt liebt, weil er die Institution ist, die einfach immer da war. Er ist die katholische Kirche der Politik. Er gibt allein deshalb Halt, er ist mit das Letzte, was die Vergangenheit mit der Gegenwart verbindet. Deutschland liebt ihn, weil er alt ist und weil er zeigt, dass Alt-Sein und Geschliffen-Reden zusammengehen. Deutschland liebt ihn, weil man dem einst unverstandenen strengen Vater gern, ehe es zu spät ist, sagen möchte, dass er nicht immer unrecht hatte. Weil Schmidt die Drecksarbeit machen musste

(RAF, NATO-Doppelbeschluss), ohne großen historischen Glanz zu ernten. Schmidt war groß im Kleinen, und immer wieder passierten kleine, lustige Dinge im Großen, beim Staatsgeschäft – davon handelt auch dieses zweite Schmidt-Buch mit neuen Anekdoten. Erfreuen wir uns an Schmidt. Und freuen wir uns über die seltsame Affäre Deutschland-Schmidt. Und, er wird es nicht zugeben, Schmidt freut sich auch über die Zuneigung, die ihm entgegenschlägt – denn die späte Liebesgeschichte Deutschland-Schmidt, sie war nun wirklich nicht abzusehen.

Als Helmut Schmidt einmal …

… nur einer unter vielen war

Schmidt heißen viele. Helmut Schmidt auch. Aber wie viele Helmut Schmidts haben die Weltwirtschaft gerettet und permanent Franz Josef Strauß, den bayerischen Stammesführer, im Zaum gehalten? Da gibt's nur einen: Schmidt/Bergedorf.

Diese Mischung aus Allerweltsname und extraordinärer Weltklasse macht den Reiz des Namens aus: Deutschland ist Schmidt. Schmidt ist Deutschland. So denkt die Welt.

Da ist es kein Wunder, dass Schmidt gleich zusagt, als er eine besondere Einladung erhält: In Essen steigt am 1. September 1978 in der Grugahalle das »größte Schmidt-Treffen aller Zeiten«. Die Veranstalter haben 6000 Schmidts aus dem Ruhrgebiet eingeladen, halten sich allerdings nicht ganz an die reine Lehre: Auch Schmitts, Schmids und Schmieds sind zugelassen.

Der Kanzler steigt um 17.30 Uhr mit Hamburger Lotsenmütze angetan vor der Halle aus dem gepanzerten Mercedes und macht einen auf Durchschnitts-Schmidt: Erst schunkelt er mit Loki und dem Essener Oberbürgermeister Horst Katzor im Arm zum »Schmidt-Schunkel-Walzer«. Wippen zu populärem Liedgut ist dem Kanzler, der sonst eher Mozart zuneigt, im Nahkampf mit dem Volk nicht fremd: 1977 hat er auf dem Berliner Presseball bereits schmerzfrei mit Loki zum Hit »Schmidtchen Schleicher mit den elastischen Beinen« getanzt.

Dann schüttelt der Kanzler Hände und plaudert mit allen möglichen Schmidts, was den Sicherheitsbeamten den Angstschweiß auf die Stirn treibt.

Anschließend hält der Kanzler vor den 6000 versammelten Schmidts sogar noch eine Rede, die als einzige überlieferte Schmidt-Rede übers Schmidt-Sein gelten darf. Der Kanzler, der letztes Jahr die RAF und ein Jahr davor bei der Bundestagswahl knapp Helmut Kohl besiegt hat, vermutet, dass ein spezielles Schmidt-Gen für derartige Spitzenleistungen verantwortlich sein könnte: »Wir Schmidts haben Beispiele dafür gegeben, dass man harte Sachen nur mit harter Arbeit bewältigen kann.«

Auch kalauern kann der Kanzler, der sonst gern in Fachchinesisch referiert: »Jeder ist seines Glückes Schmidt, und man muss das Eisen schmidten, solange es heiß ist«, ruft er bestens gelaunt in die völlig überraschte Menge.

Bei einem speziellen »Helmut-und-Hannelore«-Empfang trifft Schmidt kurz darauf sogar auf 22 Hannelore und 24 Helmut Schmidts aus Essen, die zum Teil sogar miteinander verheiratet sind.

Die Schmidt-Sause bleibt eine einmalige Angelegenheit. Zwar hat es schon eine ähnliche Party zum Namen Naumann geben, aber mit großen Namen ist es erst mal vorbei.

Auf die Frage, ob nicht der Name des anderen großen Helmut für ein Treffen infrage käme, antwortet das Repräsentationsamt, dass man nicht in den Kategorien des Parteienproporzes denke. Und außerdem: »So viele Kohls gibt's in Essen nicht.«

Der Pott bleibt Schmidt-Country.

Als Helmut Schmidt einmal ...

... fast der Rüsselkäfer zu Hilfe kam

1978. Der Kanzler residiert inzwischen zwei Jahre im neuen Kanzleramt. Der Groll des Regierungschefs über ästhetische Zumutungen des Gebäudekomplexes ist immer noch nicht abgeklungen. Im Gegenteil: Schmidt ist schwer genervt von der Kopfsteinpflaster-Wüste, die sich vor seinem Amtssitz ausbreitet. Er fühle sich an einen Exerzierplatz erinnert, sagt Schmidt.

Der anglophile Kanzler will deshalb für 80 000 Mark englischen Rasen verlegen lassen. Doch da ist der Haushaltstitel vor. Unter Budget-Kennziffer 81301 sind 100 000 Mark für die »künstlerische Ausgestaltung des Bundeskanzleramtes« vorgesehen. Doch ist ein neuer Rasen »eine künstlerische Ausgestaltung«? Gartenbaukunst-Fans wie Ludwig XV., der Erbauer von Versailles, oder Joseph der I., der Erbauer von Schönbrunn, hätten da keine Zweifel gehabt. Aber die hatten auch nicht, wie Schmidt, den Bund der Steuerzahler im Nacken, der mäkelt, eine Rasenverlegung sei höchstens eine »gärtnerische Ausgestaltung« und keine künstlerische.

Zunächst sieht es so aus, als würde dem Kanzler eine italienische Hilfsbrigade die Lösung des Problems abnehmen: Mit der aus dem Süden importierten Taxus-Hecke, die bisher im Garten steht, ist auch der sogenannte Rüsselkäfer eingeschleppt worden. Der frisst sich nun durch das Grünwerk. Die Kanzlergärtner stehen der Plage ratlos vis-à-vis. Auch Loki, immerhin gelernte Botanikerin, ist machtlos. Wäre da nicht eine Radikallösung – Hecke weg, Rasen als Ersatz her – das Beste? Doch so weit kommt es nicht. Nicht der fressende Rüsselkäfer, sondern die bildende Kunst verschafft dem Kanzler schließlich sein Grün im Hof.

Ein Schmidt-Beamter hat die Lösung, wie die gärtnerische und künstlerische Ausgestaltung unter besonderer Berücksichtigung des Bundes der Steuerzahler doch noch versöhnt werden können: »Was, wenn auf dem Rasen eine Plastik steht?«, fragt der clevere Mann verschmitzt.

Ein Jahr später werden im Hof des Kanzleramtes die Plastiken »Two Large Forms« des englischen Künstlers Henry Moore aufgestellt. Auf englischem Rasen. Der Hausherr ist zufrieden. Denn die Staatsgäste sollen nicht glauben, das Land sei so öd wie seine Regierungszentrale: »Das ist für die dann Deutschland, mehr kriegen sie ja meist nicht zu sehen.«

Als Helmut Schmidt einmal …

… Schülerhilfe erhielt

Für den Chef des Bundeskanzleramtes gehört es sich, dass man wenig von ihm hört. Er soll das Regieren des Kanzlers zu einer reibungslosen Angelegenheit machen, dabei aber selber kaum in Erscheinung treten.

Demokratie ist ja ein mühsamer Prozess: Beteiligt ist nicht nur das Volk, was die Sache ohnehin schon erheblich erschwert, beteiligt sind auch die Regierungsfraktionen und ein Beamtenapparat im Kanzleramt.

Man braucht also einen Macht-Manager. Und mit denen hat die Bundesrepublik nicht immer Glück gehabt.

Hans Globke, Adenauers Kanzleramtsminister von 1953 bis 1963, war ein sogenannter »furchtbarer Jurist« – er schrieb an den Rassengesetzen der Nazis mit.

Professor Horst Ehmke war ein furchtbarer Chaot: Brandts Kanzleramtsmanager galt als Typ, der hervorragend Probleme löste – vornehmlich die, die er selbst geschaffen hatte. Dazu gehörte beispielsweise ein verrücktes Computersystem, mit dem er die Regierungsarbeit koordinieren wollte.

Kohls erster Kanzleramtsminister Waldemar Schreckenberger ging als »Schrecki« in die Geschichte ein. Viel mehr ist nicht bekannt.

Helmut Schmidt hat sich Manfred Schüler für den Posten ausgesucht.

Der Verwaltungsfachmann tut, wie ihm geheißen, und hält dem Kanzler Ärger vom Hals. Und manchmal auch Männer mit Knopf im Ohr und ausgebeulter Anzugjacke:

Im Juli 1975 rückt der amerikanische Präsident Ford mit zwei eigenen Limousinen, zwei Hubschraubern und 24-köpfiger Leibgarde in Bonn zu Besuch an. Die Amerikaner sind es gewohnt, dass die Männer des Secret Service für die Zeit des Besuches im Gastland das Sagen haben – schließlich ist der Präsident der mächtigste Mann der Welt.

Für Schmidt ist Gerald Ford aber einfach nur der »Jerry«, und er denkt sich: Unter Freunden kann es auch mal informeller zugehen. Der Kanzler findet auch sonst nicht, dass ein deutscher Regierungschef vor den Amis den Diener machen müsste. Schon gar nicht, wenn er Schmidt heißt. So kommt es zum Zusammenprall der Machtapparate und zu einer für Schmidt neuen Erkenntnis: Amerika ist der Chef.

Selbst im Allerheiligsten der Schmidt'schen Staatskunst.

Zwar hat schon die deutsche Polizei im Rhein, unter Gullys und hinter Bäumen nach Bomben gesucht und falsch geparkte Autos abgeschleppt – aber die Amerikaner suchen nach ihrer Ankunft einfach weiter. Und zwar ausgerechnet da, wo Gerald Ford, den Helmut Schmidt als engen Freund betrachtet, wahrscheinlich am sichersten ist: Manfred Schüler erwischt die Männer des Secret Service im Kanzlerzimmer, als sie sich an Schmidts Schreibtisch zu schaffen machen, offensichtlich auf der Suche nach Bomben.

Schmidts Ausputzer wirft die Männer kurzerhand hinaus. Manchmal ist auch der mächtigste Mann Deutschlands auf die Schülerhilfe angewiesen.

Als Helmut Schmidt einmal …

… unterging und von Schmidt gerettet wurde

Seit 1958 ist Helmut Schmidt Besitzer eines Hauses am schleswig-holsteinischen Brahmsee. Und dort fährt er seitdem mit hanseatischer Disziplin zum Zwecke der Erholung vom Weltenlenken hin.

Schmidt wohnt im Ort Langwedel (1071 Einwohner) und ist umgeben von Schmidts: Regelmäßig nimmt er in den frühen Jahren am Aal-Essen von Fischer Schmidt im »Dörpskrug« teil. Auch in Bernhard Schmidts »Fischpinte« wird der Kanzler zuweilen gesehen.

Doch was einst als Wochenendvergnügen begann, ist inzwischen eine Staatsaffäre: Was ein junger Bundestagsabgeordneter namens Schmidt am Brahmsee treibt, ist eine Sache. Was ein Mann, der erst zum Verteidigungsminister, dann zum Superminister und jetzt sogar zum Superkanzler aufgestiegen ist – und der das Land als Lotse mit eiserner Hand durch »schwere Gewässer« (Schmidt) steuert –, am Wochenende an dem lieblichen See so macht, ist eine andere. Denn nun kommt Schmidt nicht nur mit Loki, sondern mit der »Sicherungsgruppe Bonn«, seinen Leibwächtern vom BKA, zum Baden und Bootfahren.

Vor allem 1977 ist man vor Ort nervös – muss man doch im Schmidt-Ferienort nicht nur befürchten, dass Paparazzi zum Kanzlerabschießen anrücken, sondern auch die RAF.

Alles, was im Ort geschieht, wird zur Meldung, beobachtet von der Presse: Ist der Kanzler sicher? Macht er Blödsinn?

Den macht er auf jeden Fall. Als Helmut Schmidt als »Säger vom Brahmsee«, wie er sich selbst tituliert, zur Gartenarbeit schreitet, wird das in der Presse ausführlich kommentiert: »Holt er hier im Urlaub und an der wehrlosen Natur nach, was ihm in Partei und Regierung versagt ist? Oder übt er nur für bevorstehende Radikalkuren?«, fragt sich die *Schleswig-Holsteinische Landeszeitung*.

Der Kanzler antwortet im Leserbrief: Er habe nur seinen morschen Bootssteg zerlegt.

Im Juli 1977 passiert etwas noch viel Dramatischeres: Der Kanzler fällt bei der Ausfahrt mit seiner Jolle ins Wasser, als diese kentert. Ein Fischer eilt in seinem Kutter zu dem Havarierten und richtet die Jolle auf. Schmidt setzt sich nass wieder hinein und schippert nach Hause.

Der Fischer heißt Bernhard Schmidt und ist Mitglied des SPD-Ortsvereins.

Später erhält der Fischer einen Brief aus dem CSU-regierten Bayern. Segler vom Starnberger See bieten dem Schmidt-Retter Schnaps, wenn er den Kanzler das nächste Mal »absaufen lasse«. Denn: »Es dürfte doch klar sein«, dass man »einen so schlechten Steuermann (Segler) nicht länger als Bundeskanzler« gebrauchen könne. Und weiter: »Es ist dann wahrscheinlich, dass wir uns in Wirklichkeit alsbald keinen Schnaps mehr leisten können.«

Die plattdeutsche Antwort des Schmidt-Abschleppers ist eindeutig: »Klei mi an Mors.«

Nicht des Plattdeutschen Mächtige verwenden an dieser Stelle das Kürzel »L.M.A.A.«.

Als Helmut Schmidt einmal …

… Jimmy Carter den Kölner U-Bahn-Fahrplan vorlesen wollte

Man kann nicht sagen, dass der Kanzler etwas gegen Musik hat. Man kann aber sagen, dass der Kanzler etwas gegen Jimmy Carter hat. Aber am schlimmsten ist es, wenn Jimmy Carter und Musik zusammen in Erscheinung treten.

Es ist nun einmal so, dass die zwei wichtigsten Männer der westlichen Welt zuweilen Dinge zu besprechen haben – zum Beispiel, was die Russen so vorhaben, was man dagegen tun kann und wie die Weltwirtschaftskrise in den Griff zu bekommen ist.

In solchen Fällen greift Helmut Schmidt zum Telefon. Und was er dann hört, wenn Jimmy Carter drüben rangeht, nährt nicht nur in ihm Zweifel an der Weltmacht USA.

Denn deren Anführer lässt sich dann nicht nur vom Kanzler beschallen, er hört nebenbei auch noch seine Plattensammlung durch.

Schmidt: »Der dreht noch nicht mal den Ton leiser, wenn man ihn anruft. Und bei all den schmetternden Trompeten und Violinen versteht man kein Wort von dem, was er sagt.«

Das lässt im Kanzler einen raffinierten Plan reifen. Bei einem der nächsten Gespräche plane er, statt seines üblichen Krisen-Referats den Fahrplan der Kölner U-Bahn vorzutragen, denn: »Es ist sinnlos, mit ihm zu reden. Er hört sowieso nicht zu.«

Als Helmut Schmidt einmal …

… sein eigenes Richtfest schwänzte

In den Siebzigerjahren sind Sozialdemokraten gefürchtete Bauherren: Damit der von ihnen geförderte Facharbeiter sich weiterbildet, dabei aber nie im Dunkeln sitzt, stellen die Sozis das Land mit Gesamtschulen, Universitätsneubauten und Atomkraftwerken voll. Die sind vor allem zweckmäßig, treiben aber ansonsten nur der beton- und stahlverarbeitenden Industrie Freudentränen in die Augen. Für Ästheten ist das nichts.

Vielleicht ist das rein Funktionale der Bauten ja den Ursprüngen der Sozialdemokratie geschuldet: Wer höheren Werten wie Gerechtigkeit verpflichtet ist, dem ist zu viel Schmuck am Bau verdächtig.

Manchmal wird es aber auch Sozialdemokraten zu viel. Wenn sie nämlich selber in ihre eigenen Gebäude einziehen sollen.

Als am 15. Oktober 1974 der Polier Rainer Schnidewind den Richtspruch »Gottlob, jetzt steht zu unserer Freude aufgerichtet das Gebäude ...« für das neue Kanzleramt in die Menge ruft, fehlt nur einer: der neue Hausherr.

Helmut Schmidt hat es vorgezogen, zu Konsultationen in die SPD-Fraktion zu fahren. Und das will was heißen. Sein Kanzleramtsminister Manfred Schüler lässt bei Lüttjer Lage (Bier und Korn) vor den 800 Gästen verlauten, dass der Kanzler, der einmal Architekt werden wollte, »an der Konzeption der Planung und Bauausführung des Kanzleramtes notwendigerweise nur einen geringen Anteil« nehmen konnte.

Schmidt wäre gern im bisherigen Regierungssitz, dem einem barocken Lustschloss nachempfundenen Palais Schaumburg, geblieben. Die neue Regierungszentrale mit ihrer kupferfarbenen Metallhaut sieht hingegen so ähnlich aus wie ein damaliges Westberliner Uni-Gebäude, das den Spitznamen »Rostlaube« trägt.

Dabei hat das Gebäude Vorteile. Während im Bonner Regierungsapparat Sachbearbeiter Anspruch auf Büros von zwölf Quadratmetern haben, Referenten 24 und Abteilungsleiter 36 Quadratmeter belegen dürfen, bekommen im neuen Kanzleramt alle einheitlich 22 Quadratmeter. Nur Staatssekretäre dürfen mehr beanspruchen – 55 Quadratmeter. Und natürlich der Kanzler: Er bekommt 100 Quadratmeter.

Architekturkritiker sind von dem Gebäude nicht begeistert, einer bezeichnet es als »lieblos und monoton«. Das 105-Millionen-Ding habe den »Charme einer rheinischen Sparkasse«, ist der härteste Spruch, den die Planer sich anhören müssen. Und: »Ich verabscheue den pompösen Stil rheinischer Generaldirektoren.«

Geäußert hat die radikale Architekturkritik ein den schönen Künsten zugetaner Mann.

Er heißt Helmut Schmidt.

Als Helmut Schmidt einmal …

… einfach nicht mehr austreten konnte

Deutschland ist das Land des Vereinswesens, und nirgendwo ist die Vereinsdichte größer. Deutschland hat die größte Gewerkschaft der Welt, ver.di., und mit dem ADAC den zweitgrößten Automobilclub der Welt.

Es scheint, als sei der Deutsche nicht gern allein und suche sein Glück im Kollektiv. Er organisiert gern. Nicht zuletzt sich selbst – im Verein. Und der absolute König des Vereinswesens ist Helmut Schmidt. Bereits 1978 gehört der Kanzler 14 Vereinen an. Einmal Mitglied, kann er einfach nicht mehr austreten. Schmidt ist ein Meier. Ein Vereinsmeier.

In Hamburg führen den Kanzler der Übersee Club e.V., die Gesellschaft der Freunde und Förderer der Hochschule für Wirtschaft und Politik e. V. und die Gesellschaft für christlich- jüdische Zusammenarbeit e. V. in ihren Mitgliederdateien.

Der Landesverband Hamburg der Arbeiterwohlfahrt ist jeden Monat glücklich, dass Schmidt nicht den Mindestbeitrag von zwei, sondern den Höchstobolus von 20 Mark entrichtet.

Im hanseatischen Landesverband der Reservisten in der Bundeswehr ist Schmidt gelistet, der Verband der Heimkehrer in Hamburg freut sich über immerhin 42 Mark Monatsbeitrag des Regierungschefs und Kriegsteilnehmers.

In Bonn fühlt sich Schmidt, der natürlich auch Mitglied der Busfahrer-Gewerkschaft ÖTV ist, der Deutschen Atlantischen Gesellschaft, der Gesellschaft für auswärtige Politik und der Deutsch-Israelischen Gesellschaft verbunden – obwohl der Kanzler den israelischen Premier Menachem Begin nicht ausstehen kann.

Schmidt, der in Langenhorn wohnt, will sich auch, was den dortigen Heimatverein angeht, nicht lumpen lassen. Dazu kommt noch eine Fördermitgliedschaft in der örtlichen Vereinigung Jugendheim.

Im Bilderberg-Kreis hingegen sind keine verhaltensauffälligen Jugendlichen organisiert, sondern eher unauffällige Herren mit viel Einfluss. Hier trifft Schmidt gern David Rockefeller, Prinz Bernhard der Niederlande oder Otto Wolff von Amerongen.

Und dann ist Schmidt noch Mitglied in einem anderen Verein: Seit März 1946 führt er Beiträge an die Sozialdemokratische Partei Deutschlands ab, einst hervorgegangen aus dem Allgemeinen deutschen Arbeiterverein. Da Schmidt mehr als 10 000 Mark netto im Jahr verdient, kostet ihn das 250 Mark im Monat. Mit den 12 000 Mark, die er jedes Jahr der SPD-Fraktion spendet, kommen so 15 000 Mark Vereinsbeiträge jährlich allein für die Sozis zusammen.

Nicht der schlechteste Liebesbeweis für einen, dem man nachsagt, er sei »in der falschen Partei«.

Als Helmut Schmidt einmal …

… Luxemburg regieren wollte

Das Großherzogtum Luxemburg ist eines von acht Ländern, die an die Bundesrepublik grenzen. Die DDR wäre eigentlich das neunte, zählt aber nicht. Die »Zone« ist irgendwie zwar ein Staat, aber keine Nation. Das denkt man selbst in der Ostvertrags-seligen SPD, bis man peinlicherweise 1988 zum beinahe allerfalschesten Zeitpunkt seine Meinung ändert.

Luxemburg hingegen ist zwar klein, aber auf jeden Fall eine Nation. Und wie alle anderen acht Nachbarländer wurde es im Zweiten Weltkrieg von den Deutschen überfallen. Doch wenn man im Jahr 1979 von der Bundesrepublik Deutschland aus hinfährt, dann in ausschließlich friedlicher Absicht.

Im Mai 1979 schaut auch Bundeskanzler Schmidt mal beim kleinsten Nachbarn vorbei. Das ist man dem Mini-Land schuldig. Schließlich ist das Großherzogtum das »Lux« in dem Kürzel »Benelux«, mit dem die Deutschen die Kleinstaaterei nordwestlich von ihnen zusammenzufassen pflegen. Außerdem ist es Gründungsmitglied der Europäischen Wirtschaftsgemeinschaft (EWG) beziehungsweise von deren Vorläuferin, der Montanunion.

Regiert wird Luxemburg seit 1974 von Gaston Thorn als Premierminister, der darüber hinaus schon seit 1969 Sport- und Außen- und seit 1977 auch Wirtschaftsminister ist.

Als der Kanzler im Mai 1979 kommt, vereint Thorn in seiner Person eine Machtfülle, von der Helmut Schmidt nur träumen kann. Auch er war mal Superminister – Wirtschaft und Finanzen –, das war aber alles andere als super. Da hatte er nur die Öl- und Weltwirtschaftskrise am Hals.

Jetzt ist er Bundeskanzler eines komplizierten föderalen Staates und muss bei den meisten seiner Vorhaben erst Helmut Kohl fragen, der mit der CDU den Bundesrat beherrscht.

Zurück in Bonn, schwärmt der Kanzler gegenüber seinem Wirtschaftsminister Otto Graf Lambsdorff von den luxemburgischen Verhältnissen: »Das ist ein sympathisches Land, da würde ich gerne Regierungschef sein.« Lambsdorff, wohl um seinen Job besorgt, erwidert: »Das glaube ich Ihnen, da wären Sie nicht nur Regierungschef, sondern auch noch Außen- und Wirtschaftsminister. Dann könnten Sie alles ganz alleine machen.«

Für kurze Zeit geht der Traum von der Ämterhäufung später sogar in Erfüllung. Am 17. September 1982 schmeißt der Kanzler die FDP-Minister aus dem Kabinett. Für 26 Tage, bis zum 1. Oktober 1982, ist Schmidt Bundeskanzler und Außenminister in Personalunion.

Als Helmut Schmidt einmal …

… wegen Hans-Dietrich Genscher die Stühle wegräumte

Wenn Helmut Schmidt im Kanzleramt Besuch bekommt, kann man davon ausgehen, dass dem Gast eine halbwegs höfliche Behandlung zuteil wird, denn Politik, das ist immer noch eine Sache bürgerlicher Umgangsformen. Klar, es gibt Herbert Wehner, der im Bundestag wegen seiner Ausbrüche den Rekord an Rügen hält. Der Mann, der andere, wie den Parlamentspräsidenten Richard Stücklen, ganz so wie in der Sponti-Kneipe einfach »Arschloch« nennt, der spätere Riesenstaatsmann Joschka Fischer, kommt erst noch ins Parlament.

Helmut Schmidt hat andere Möglichkeiten, dasselbe mitzuteilen wie Fischer, aber dabei andere Ausdrucksformen zu verwenden.

Im September 1982 gibt es vor allem einen, zu dem Schmidt gern dasselbe sagen würde wie später Fischer zu Stücklen. Dieser Mann ist gerade dabei, die sozialliberale Koalition aufzukündigen und Helmut Kohl zum Kanzler zu machen.

Als Hans-Dietrich Genscher Schmidt sein Kommen ankündigt, um zusammen mit der FDP-Frau Hildegard Hamm-Brücher seinen Abschiedsbesuch beim Kanzler zu machen, gibt der klare Anweisungen, wie mit dem Gast und speziell dem Empfangsraum zu verfahren sei: »Die Stühle werden rausgenommen, damit sich erst gar keiner hinsetzt. Ein Glas Wein, keine Fotografen. Mit Genscher muss ich mich wirklich nicht noch mal ablichten lassen.« Der kommt dann aber doch nicht.

Als Helmut Schmidt einmal …

… für sein volles Haar gelobt wurde

Der Regierungswechsel 1982 soll ja die sogenannte geistig-moralische Wende bringen. Von der obskuren Sache hört man nie wieder etwas. Dafür hat der Kanzlerwechsel für viele Menschen ganz konkrete Auswirkungen.

Auf die Frage, ob die Tolle des ehemaligen Kanzlers eine besondere Herausforderung sei, antwortet Saloninhaber Willi Münch: »Nein, gar nicht. Überhaupt nicht. Der Helmut Schmidt, der hat ein einmaliges Haar. Das ist überhaupt keine Kunst, den zu frisieren. Und glauben Sie, mancher Politiker wünschte sich, er hätte dieses Haar von dem Helmut Schmidt.«

27. Oktober 1982. Knapp zwei Monate nach dem Regierungswechsel. Auf dem Kopf der neuen Herren von Bonn ist nicht viel los. Helmut Kohl: überkämmte Glatze. Verteidigungsminister Manfred Wörner: Platte. Norbert Blüm: Platte mit Restlöckchen. Von den neuen Ministern kann nur Gerhard Stoltenberg

einigermaßen mithalten mit dem, der als unangefochtener Frisurenkönig des Salons Münch im Bonner Regierungsviertel gelten darf, wo sich fast alle Politiker die Haare schneiden lassen.

Nein, eigentlich hat Helmut Schmidt in Bonn nur einen ernsthaften Konkurrenten, was Hanseatentum und Frisierbarkeit angeht: Walther Leisler Kiep. Ansonsten: überall nur totaler Ausfall.

Als Helmut Schmidt einmal …

… ausnahmsweise nicht sagen wollte, dass er alles richtig gemacht habe

Meistens sitzen die Bundestagsabgeordneten im Plenum und lesen Zeitung: Abgeordnete langweilen sich ja immer dann, wenn ihresgleichen, Frauen und Männer wie wir, sogenannte Volksvertreter, reden. Also fast immer.

Weder das Wort Volk noch das Wort Vertreter hat ja wirklich einen guten Klang.

Ab und zu aber tritt ein Mann ans Pult, räuspert sich, steckt die eine Hand in die Hosentasche, holt sie wieder heraus und doziert, während er mit dem Zeigefinger Löcher in die Bundestagsluft sticht. Dann ist Regierungserklärung, und der Bundeskanzler der Bundesrepublik Deutschland, Helmut Schmidt, gibt den Abgeordneten die Ehre seines Wortes. Die Zeitungen werden weggelegt, Stille tritt ein. Weltpolitik, die schon gemacht wurde, wird erklärt, Weltpolitik, die noch kommen wird, angekündigt.

Und das macht Schmidt gern: 22-mal zwischen Mai 1974 und Oktober 1978 ergreift er im Bundestag das Wort. Das ist zum damaligen Zeitpunkt Rekord: Konrad Adenauer schaffte in 14 Jahren 39 Regierungserklärungen, also 2,7 pro Jahr. Ludwig Erhard erklärte sich in drei Jahren achtmal – 2,6-mal pro Jahr. Kiesinger trat in knapp drei Jahren immerhin elfmal (Jahresschnitt: 3,6) zur großen Rede an, und Willy Brandt brachte es in viereinhalb Jahren – die hat Helmut Schmidt da schon hinter sich – auf nur 17 Regierungserklärungen (Schnitt: 3,7).

Einmal, als die Zeiten am schlimmsten sind, gelingt es Helmut Schmidt mit einem seiner Auftritte, den Bundestag in ein philosophisches Seminar über die *conditio humana* zu verwandeln.

Am 20. Oktober 1977 – Hanns Martin Schleyer ist zwei Tage zuvor tot aufgefunden worden, der Deutsche Herbst ist vorbei – sagt Helmut Schmidt im Bundestag erschütternde Sätze, die zum Besten gehören, was je im Plenum zum Thema »Politik als Beruf« (Max Weber) gesagt worden ist:

»Wer aber weiß, dass er so oder so, trotz allen Bemühens, mit Versäumnis und Schuld belastet sein wird, wie immer er handelt, der wird von sich selbst nicht sagen wollen, er habe alles getan, und alles sei richtig gewesen. Er wird nicht versuchen, Schuld und Versäumnis den anderen zuzuschieben; denn er weiß: Die anderen stehen vor der gleichen unausweichlichen Verstrickung.«

Als Helmut Schmidt einmal …

… doch lieber ausgewichen wäre

Der 29. Oktober 1972 ist kein guter Tag für Deutschland. Das Wetter ist trübe. Die drei überlebenden Terroristen des Olympia-Massakers von München werden nach der Entführung der Lufthansa-Maschine *Kiel* ohne viel Aufhebens freigepresst und steigen in München-Riem auf Nimmerwiedersehen in ein Flugzeug.

Und in Hamburg-Winterhude steigt der Kaufmann Günter M. (45) in seinen BMW 2800, um in Richtung Schnelsen zu fahren. Als er die Kreuzung Heidlohstraße/Holsteiner Chaussee erreicht, fährt er einfach weiter, ohne auf die Vorfahrt zu achten. Auf der Holsteiner Chaussee ist ein Konvoi aus zwei schweren Mercedes-Limousinen unterwegs. Die erste kann dem verbotenerweise auf der Kreuzung befindlichen Wagen nicht mehr ausweichen und erwischt den BMW am Heck. Der Mercedes gerät ins Schleudern, prallt gegen einen Laternenmast und wird seinerseits von dem nachfolgenden Daimler am Heck erwischt.

Im ersten Mercedes sitzt der Superminister für Wirtschaft und Finanzen, Helmut Schmidt, mit Ehefrau Loki, im zweiten folgen Beamte der Sicherungsgruppe Bonn, die Bewacher Schmidts. Schmidt kommt von einer Wahlveranstaltung in einem nahe gelegenen Gymnasium.

Durch die Wucht des Aufpralls wird Loki auf dem Rücksitz eingeklemmt. Helmut Schmidt, soeben noch als Wahlhelfer für Willy Brandt in Aktion (im November sind Bundestagswahlen), hat nur noch einen Gedanken: »Wie kriege ich meine Frau hier raus?«

Schließlich gelingt es einem Sicherheitsbeamten, Schmidts Ehefrau zu befreien, aus deren Mund später die einzige positive Meldung des Tages kommt: »Mein Mann und ich haben nur ein paar blaue Flecken.«

Als Helmut Schmidt einmal …

… nicht aufhören konnte zu suchen

Am 7. Dezember 1978 läuft ein Schiff von Bremerhaven aus. Es ist die 261 Meter lange *München*, ein sogenanntes LASH-Schiff. LASH steht für Lighter Aboard Ship, eine spezielle Form des Transports, bei der ein Trägerschiff im Transatlantik-Linienverkehr schwimmfähige Container aufnimmt, die später auf Binnenwasserstraßen als Schubverband transportiert werden.

Die *München* sei so »stabil wie ein Panzerkreuzer«, sagt ein erfahrener Seeoffizier.

Das Schiff ist auf dem Weg nach Savannah/Georgia, USA. Es ist die 62. Passage auf dieser Strecke. Nie ist etwas Gravierendes passiert. Das Kommando an Bord führt Johann Dänekamp, zur Besatzung zählen weitere 27 Männer und Frauen.

Über dem Nordatlantik hat sich im Dezember 1978 ein Sturm zusammengebraut. Britische Meteorologen sprechen zunächst vom »Monstrum des Monats«, schließlich vom »Sturm des Jahrhunderts«.

Am 12. Dezember 1978, kurz nach Mitternacht, befindet sich die *München* 400 Seemeilen nördlich der Azoren. Um 3.10 Uhr empfängt der Funkoffizier des griechischen Frachters *Marion* ein »SOS« der *München*. Um 4.30 Uhr übernimmt die britische Küstenwache in Land's End die Rettungsleitung. Die größte Suchaktion der Geschichte beginnt; an ihr beteiligt sind 13 Schiffe und 110 Flugzeuge, darunter Fernaufklärer vom deutschen Marinefliegergeschwader »Graf Spee« und mehrere deutsche Transall-Maschinen. Die Crews finden drei Leichter, leere Rettungsinseln, ein leeres Rettungsboot und eine Rettungsbarke.

Am 20. Dezember 1978 wird die internationale Suche ausgesetzt. Nur die Deutschen suchen, unterstützt von Briten und Amerikanern, mit neun Flugzeugen und mehreren Schiffen zwei Tage weiter. Die persönliche Anweisung dazu stammt von einem, der weiß, was ein Sturm ist: Bundeskanzler Helmut Schmidt.

Die *München* taucht nie wieder auf.

Als Helmut Schmidt einmal …

… von Wehner angequatscht wurde

Wenn Helmut Schmidt eines nicht abkann, dann Menschen, die genauso viel reden wie er. Menschen, die anzweifeln, dass nur einer recht hat, nämlich Schmidt. Und Menschen, die statt den kleinen Mann auf der Straße Theorien vertreten, die Abkürzungen wie Stamokap – »staatsmonopolistischer Kapitalismus« – hervorbringen, aber nicht wissen, wo das Geld herkommen soll, das sie ständig ausgeben wollen.

Auf die »Jusos«, die Jungsozialisten in der SPD, trifft all dies zu. Früher eine zahme Jugendorganisation, sind seit Ende der Sechzigerjahre Akademiker und Studenten in diese Unterorganisation der Partei geströmt und sorgen seitdem für ziemlich verkopfte Manifeste. In denen schon mal steht, die gute alte SPD trüge dazu bei, »die Wiederherstellung der kapitalistischen Klassengesellschaft in der Bundesrepublik gegenüber den abhängig Beschäftigten zu verschleiern und diese mit ihr auszusöhnen«.

Mit anderen Worten: Die SPD ist für die Jungsozis nicht etwa das kleinere Übel, wie für viele bundesdeutsche Linksliberale, sondern das größere – die kommunistische These von den »Sozialfaschisten« lässt grüßen.

Die eigene Partei in dieser Weise als »Verschleierer« des fiesen Kapitalismus quasi noch schlimmer zu finden als alle anderen Parteien – das ist ungewöhnlich für eine Jugendorganisation.

Das seien »halb fertige Akademiker« mit »elitärer Arroganz«. Findet jedenfalls Helmut Schmidt. Und findet gleichzeitig, dass andere das auch finden könnten. Zum Beispiel Wehner oder Brandt. Aber da liegt er falsch.

Letzterer fühlt sich bei den jungen Radikalinskis irgendwie an seine eigene, ebenfalls linkssozialistische Jugend erinnert und neigt ohnehin nicht zu harten Worten. Und Wehner? Der erscheint im Dezember 1970 sogar auf einem Juso-Bundeskongress und heult sich ausgerechnet bei den Schmidt-Hassern über den Verteidigungsminister aus, statt ihn zu verteidigen.

Wehner, so muss das dem SPD-Nachwuchs nach dem Auftritt erscheinen, ist der Jesus Christus der SPD. Er erweist der Partei den schwersten Dienst: Er kommuniziert mit Helmut Schmidt. »Ja, das tue ich, ich verzeihe manche Sachen nicht, aber ich rede mit ihm. Das ist sehr schwer, sehr schwer.«

Als Helmut Schmidt einmal …

… in Amerika fast an einen Baum pinkelte

Helmut Schmidt ist ein großer Freund Amerikas. Jedenfalls so lange, wie die dort herrschenden Männer seine Referate über gute Wirtschaftspolitik unter besonderer Berücksichtigung von Inflationsbekämpfung und Sparquote ausreichend goutieren.

Jimmy Carter gehört nicht dazu. Denn der predigerhafte Mann aus Georgia hat sich ein ehrgeiziges Ziel gesetzt: Er will der Welt den Frieden bringen. Solche Leute kennt Schmidt aus der eigenen Partei zur Genüge. Ihm reicht es schon, Krieg zu verhindern, und ansonsten Krisen halbwegs zu managen. Jegliche idealistische, aus seiner Sicht träumerische Politikauffassung ist ihm verhasst.

Jimmy trifft er auf Amerikareisen deshalb nur, wenn es die Amtspflichten unbedingt erfordern. Geht es nach Neigung, stehen Jerry, Henry und George auf dem Programm. Gerald Ford, Henry Kissinger und George Shultz, Reagans Außenminister, sind echte Kumpels.

Und was machen echte Kumpels? Sie gehen zusammen zelten, trinken zu viel und pinkeln hinterher in die Büsche.

Und Helmut darf bei alldem mitmachen.

Als Schmidt im Juli 1982 in die USA reist, wird er – schon zum zweiten Mal – in den »Bohemian Club« eingeladen, ein geheimnisumwittertes Zeltlager im »Bohemian Grove«, einem elf Quadratkilometer großen Gelände, 120 Kilometer nördlich von San Francisco. In dieser garantiert Jimmy-Carter-freien Zone trifft sich die amerikanische Wirtschafts- und Politikelite – ein Stelldichein von Republikanern und milliardenschweren Wirtschaftsbossen, die hier in Burschenschaftlermanier und unter Einfluss von viel Alkohol konspirieren und seltsame Rituale vollführen, zum Beispiel zu Beginn eines jeden Treffens das »Verbrennen der Alltagssorgen«.

Ein seltsamer Ort für einen Sozialdemokraten. Kein seltsamer Ort für Helmut Schmidt. Schließlich ist er mit nicht wenigen der Teilnehmer persönlich bekannt. Und seltsame Rituale, wie das Absingen komischer Lieder, kennt er ja von den Parteitagen der SPD.

Frauen sind bei dieser Gaudi der Machtmenschen nicht zugelassen – so wie im Grunde auch in der deutschen Politik. Passt.

Club-Mitglied Pat Brown, ein ehemaliger Gouverneur von Kalifornien, begründete das so: »Wie könnte ich nackt von der Dusche zu meinem Zelt gehen, wenn es hier Frauen gäbe?«

Nackte Männer, die sich auf der »größten Männerparty der Welt« auch schon mal an Bäumen erleichtern – ist das ein Ort für einen deutschen Bundeskanzler?

Helmut Schmidt sieht nach eingehendem Studium von Flora und sanitären Bedingungen in der Alphatier-Sause kein Problem. Dass jemand an die Bäume pisst, habe er noch nie gesehen. »Aber«, so der Kanzler, »die Bäume sind so groß, dass sich zwölf Männer dahinter aufstellen können.«

Als Helmut Schmidt einmal …

… seine eigene Währung erfand

Der 1. September 1978 ist ein schöner Tag für den Kanzler: kein Genscher, kein Wehner, keine Rentendiskussion, kein Terror, kein Carter – Schmidt ist mit Loki in den Pott gefahren.

In Essen, wo er auf Einladung des Krupp-Chefs Heinz Petry weilt, macht er etwas, das sonst nur das Privileg von Königen, Landesherren oder Staaten ist: Er prägt sein eigenes Geld. Warum auch nicht? Schließlich befindet sich der Kanzler auf dem Höhepunkt seiner Macht.

Im Krupp-Werk in der Helenenstraße, vor dem Schmidt mit dem Bundesgrenzschutzhubschrauber gelandet ist, wird dem Kanzler von dem 17-jährigen Azubi Michael – klar: Nachname Schmidt – der Nachbau einer historischen Münzpresse übergeben, die von den Krupp-Lehrlingen selbst zusammengebastelt wurde. Der Lehrling drückt aufs Knöpfchen, und heraus kommt eine Spaßwährung. Die »1-Schmidtchen«-Münze.

Der Kanzler, Weltfinanzfachmann, der er ist, kennt das schon mit der eigenen Währung: Schmidt hat gerade mit seinem Freund, dem französischen Staatspräsidenten Giscard d'Estaing, den Vorgänger des Euro erfunden, samt dazu passendem EWS (Europäisches Währungssystem). Die Kunstwährung heißt allerdings etwas sperrig European Currency Unit (ECU, gesprochen EKÜ). Da ist es doch nett, angesichts der eigenen Verdienste eine Währung zu bekommen, die so heißt wie man selbst, denkt sich der Kanzler vielleicht.

Schmidt, der selbst einmal Finanzminister war, ist mit dem Kanzlertaler zufrieden, verpasst aber allen, die angesichts seines Images als Macher zu hohe Erwartungen an den »Schmidtchen« haben, einen empfindlichen Dämpfer: »Dieses Zahlungsmittel ist noch nicht EG-reif.«

Schmidt bekommt später doch noch seine Wunschwährung. Der ECU, zunächst eine reine Verrechnungseinheit, wird zu einem realen Zahlungsmittel und umbenannt. Nicht in »Schmidtchen«, sondern in Euro.

So weit reicht die Schmidt-Verehrung dann doch nicht.

Der Euro macht inzwischen nicht mehr alle glücklich. Der »Schmidtchen« wenigstens einen: Er ist im Besitz der Numismatischen Sammlung des Ruhrmuseums. Dessen ehrenamtlicher Mitarbeiter Heinz Josef Kramer, seit 25 Jahren Gralshüter der Kanzlerwährung, freut sich jedes Mal, wenn er am »Schmidtchen« vorbeigeht.

Als Helmut Schmidt einmal …

… für Fracksausen bei Bonner Damen sorgte

Einmal im Jahr ist Neujahrsempfang. Dann geht der Kanzler zum Bundespräsidenten und schüttelt allen Mitgliedern des diplomatischen Corps die Hand.

Das ist selbst für einen Weltenlenker wie Schmidt, der ja viel rumkommt, lehrreich. Der Kanzler kann bunte Kostüme begutachten, fremde Sprachen hören – und er kann mal Urlaub machen von den notorisch Guten (USA, Großbritannien, Frankreich) und Bösen (Sowjetunion, Ostblockstaaten). Stattdessen kann man sich mal den Kleinen zuwenden. Die Herren aus Mauretanien, Mauritius oder Guyana sind ja auch ganz interessant, obschon oder gerade weil sie weder Atomraketen noch Dollarkrise haben.

Aber es gibt auch Unangenehmes auf so einem Empfang.

1975 will der Kanzler, den viele in der falschen Partei wähnen, beweisen, dass er doch in der richtigen ist, nämlich in einer linken, und probt den Aufstand – nicht gegen die Gesellschafts-, aber gegen die Kleiderordnung. Beim Neujahrsempfang sieht das Protokoll als männliches Pflichtkleidungsstück den Cut vor. Der Cutaway entwickelte sich aus dem englischen Gehrock, ähnelt dem Frack, wird aber nur bis 18 Uhr getragen. Der Bundespräsident trägt einen. Das diplomatische Corps, soweit es nicht in Tracht erscheint, trägt zumeist ebenfalls einen. Nur einer trägt in diesem Jahr keinen: Helmut Schmidt.

Der Kanzler hatte angedroht, im schwarzen Anzug zu erscheinen. Und das tut er dann auch. Begründung: »Dieser Zopf muss ab.« Und so kommt es, dass der deutsche Regierungschef beinahe der einzige wichtige Mann im Raum ohne Cut ist. Selbst der Vertreter des angeblichen Arbeiter- und Bauernparadieses DDR hält sich an Protokoll und bürgerliche Kleiderordnung.

Eine anwesende Dame der Bonner Gesellschaft ist fassungslos: »Entsetzlich, einfach shocking.«

Fünf Jahre später erfolgt der nächste Angriff aufs Protokoll: Ein junger Abgeordneter tritt – das hat es noch nie gegeben – im Bundestag ohne Krawatte auf und kassiert einen Ordnungsruf.

Es ist wieder ein Sozialdemokrat. Er heißt Gerhard Schröder. Diese Sozis.

Als Helmut Schmidt einmal …

… »den« nicht weiterregieren lassen wollte

Wenn der Kanzler Urlaub macht, regiert in Bonn, sehr zu Schmidts Verdruss, der Vizekanzler. Und der ist von der FDP. Hans-Dietrich Genscher, der Mann mit den großen Ohren und den großen Ambitionen, darf dann im Kabinettssaal auf dem beigen Ledersessel mit der langen Kanzlerlehne Platz nehmen.

Das ist auch im August 1981 so. Die sozialliberale Koalition ist inzwischen mehr oder weniger am Ende. Man braucht nur noch einen guten Grund zur Trennung. Und einen Buhmann, dem man den Koalitionsbruch anlasten kann: Genscher. Anders als im Fall Strauß, an dem Schmidt sich unermüdlich abarbeitet, ist die Beziehung zu Genscher keine Hassliebe – die Liebe fehlt.

Schmidt macht in diesen Tagen wie immer Urlaub an seinem geliebten Brahmsee. Hier ist alles schön. Die Grillen zirpen, die Brombeeren sind reif, die Vögel jubilieren. Der Kanzler spielt Schach mit Loki, sägt ein bisschen Holz und segelt mit seiner Jolle. Ach, könnte man nicht von hier aus regieren, weitab vom Bonner Sumpf mit seinen lästigen Kleinstparteien, die des Kanzlers Wirken behindern und den Verrat anbahnen?

Bonn ist nicht Weimar. Und der Brahmsee nicht Bonn. Schmidt kommt nicht zur Ruhe, es arbeitet in ihm. Denn im Kabinettssaal auf dem Sessel mit der verlängerten Rückenlehne sitzt ja weiterhin – Genscher. Er vertritt den Kanzler und spielt in Bonn die Nummer eins.

Das kann der richtige Kanzler nicht ertragen: Abmarsch vom See, Schluss mit Holzhacken und Heckenrasieren. Jetzt wird wieder die FDP rasiert. Auf die Frage eines Journalisten, warum er nicht ein paar Tage länger Urlaub mache, er wirke so gar nicht entspannt, sagt Schmidt: »Soll ich den noch länger regieren lassen?«

Als Helmut Schmidt einmal …

… den Tagesanbruch nach hinten verschob

Der Körper eines Kanzlers gehört nicht mehr ihm selbst. Er gehört auch irgendwie dem Staat. Der Regierungschef muss fit sein, um das Land zu führen. Der Kanzlerkörper ist ein Politikum. Das Problem von Helmut Schmidt ist nun, dass er allerlei Krisen weltweit managen kann – nur nicht seine eigenen Gesundheitskrisen.

Der Kanzler hat seit den Siebzigerjahren mehrere Krankenhausaufenthalte hinter sich. Mal bringt er ein seltsames Fieber aus Tansania mit, mal klappt er bei einer Marinevorführung auf See zusammen, dann wieder müssen Splitter aus einem Auge entfernt werden.

1981 soll Schmidt im Bundeswehrkrankenhaus Koblenz ein Herzschrittmacher eingesetzt werden. Das Weiterregieren bereitet ihm keine Schwierigkeiten, die Akten werden zugeliefert, aber ein Problem hat Schmidt mit dem Tagesablauf. Er geht normalerweise um eins ins Bett und steht um acht auf.

Als der Kanzler – wie auf der Krankenstation üblich – aber um sechs aus dem Schlaf gerissen wird, sinkt seine Stimmung. »Müsst ihr mich eigentlich mitten in der Nacht wecken?« Dabei genießt der Kanzler bereits ein Privileg: Normalerweise wird die Nachtruhe in deutschen Krankenhäusern um 4.30 Uhr beendet.

Schmidt ist sauer.

Werner von Hoff, Geschäftsführer der Aktion »Mehr Menschlichkeit in Krankenhaus und Praxis«, nimmt sich der Sache an. Das Stören der Nachtruhe habe Gründe: »Das frühe Wecken hat seine Wurzeln in der Zeit, als die Schwestern fast ausschließlich Nonnen waren. Sie machten ihre Patienten morgens so zeitig fertig, dass sie anschließend in die Frühmesse gehen konnten.«

Doch der Unmut des Patienten mit der Lotsenmütze löst immerhin eine Diskussion aus. Wenn Schmidt genervt ist – besteht dann nicht Handlungsbedarf? Der Kanzler löst eine bundesweite Weckzeit-Diskussion aus, an der sich – dem prominenten Kritiker angemessen – nur die besten Weckzeit-Historiker beteiligen.

Von Hoff: »Die frühen Weckzeiten sind zumindest unangenehm. Ob sie darüber hinaus nicht auch den Heilerfolg beeinträchtigen, hat leider bisher noch keine Untersuchung geklärt. Wir treten dafür ein, dass die Patienten im Krankenhaus möglichst ihre normalen Lebensbedingungen behalten können. Wenn um sieben Uhr geweckt wird, ist das früh genug.«

Schmidt jedenfalls wird nach seinem Ausbruch künftig um sieben aus dem Schlaf geholt. Und in den nächsten Jahren kommen in deutschen Krankenhäusern auch weniger prominente Schmidts in den Genuss späteren Aufstehens. Heute wird in den meisten Krankenhäusern zwischen sechs und sieben Uhr geweckt.

Als Helmut Schmidt einmal …

… bei der Bundeswehr Hitparaden einführte

1986 träumt Rio Reiser in einem Lied davon, was er täte, wenn er »König von Deutschland wär'«: »Bei der Bundeswehr gäb' es nur noch Hitparaden.«

Wohl schon länger und sehr viel früher träumt ein streng gescheitelter Hamburger Hobby-Organist davon, was er täte, wenn er Verteidigungsminister von Deutschland wär': ungefähr dasselbe wie Rio Reiser später.

1969 muss er nicht mehr träumen, denn Helmut Schmidt wird erster sozialdemokratischer Verteidigungsminister seit Gustav Noske. Und der Verehrer von Bach und Gershwin hat den martialischen Sound der Landser-Musikanten über – Schmidt will am liebsten bei der Bundeswehr überhaupt keine Marschmusik mehr hören: »Die deutsche Militärmusik sollte mit einem besonderen Rhythmus angereichert werden.« Und: »Die Musikkorps der Bundeswehr sollten mehr

Musik von Gershwin an aufwärts spielen. Ruhig auch Beat und Jazz, warum nicht?« Konsequenz: Die Truppe braucht eine Showband, geleitet von einer Art James Last in Olivgrün.

Gekommen ist Schmidt auf die Idee mit der Jazz-Truppe im Hamburger Operettenhaus. Im Mai 1970 hatte der Verteidigungsminister dort eine Aufführung des von Soldaten des Panzerartillerie-Bataillons 335 produzierten Musicals *Outside* gesehen. Er war begeistert. »Ich finde es gut, dass die Soldaten, wenn sie Lust und Zeit haben, Theater spielen; es lockert sie auf.«

Der neue Minister schreitet, was die Ablösung der Militär- durch die Hitparaden angeht, zur Tat. 1971 ist es so weit: Die »Big Band der Bundeswehr« wird gegründet. Als Bandleader hat sich Schmidt Günter Noris ausgesucht – ein Vollprofi und neben Paul Kuhn, Max Greger, Bert Kaempfert und James Last einer der großen Bandleader in Deutschland, der 1966 Hildegard Knef auf ihrer ersten Deutschland-Tournee begleitete.

1972 hat die Big Band ihren ersten offiziellen Auftritt: bei der Eröffnung des Münchner Olympiastadions anlässlich des Fußballspiels Deutschland-Sowjetunion. »Happy Zapfenstreich« heißt einer der Songs, aber auch Titel wie »Hoch auf dem gelben Wagen« werden von Günter Noris in James-Last-Manier dirigiert.

Dass eine deutsche Armee jetzt das spielt, was unter den Nazis noch »Negermusik« hieß – allein diese Tatsache ist ein ungeheurer Kulturbruch. In Japan schafft es eine Bundeswehrplatte sogar in die Hitparade.

Durch einen Mann im taubenblauen Pop-Anzug und einen Gershwin-Fan aus Hamburg erfährt die Welt endgültig, dass Deutschland swingen kann. Und der Bundeswehr geht der Swing am Marsch vorbei.

Als Helmut Schmidt einmal …

… für 120 Sekunden Erich Honecker bekehrte

Am 11. Dezember 1981 fährt Helmut Schmidt in die DDR, um Erich Honecker einen Besuch abzustatten.

Als der Bundeskanzler, angetan mit Helgoländer Lotsenmütze, in Berlin-Schönefeld die Gangway herunterkommt, ruft der Fernsehreporter in sein Mikrofon: »Bilder, die um die Welt gehen«, und dokumentiert so unfreiwillig den notorischen Minderwertigkeitskomplex, den die DDR mit diesem Besuch eigentlich bekämpfen will.

Erich mit Helmut in »Berlin – Hauptstadt der DDR« – das ist »Weltniveau«, wie man in der »Zone« zu sagen pflegt. Und Honecker scheint sich nur dann als echter Staatsmann zu fühlen, wenn er auf heimischem Boden mal Helmut Schmidt die Hand geben darf.

Das Treffen Schmidts mit dem DDR-Vorsteher ist von zwei Dingen geprägt. Erstens von schlechter Stimmung angesichts des gerade über Polen verhängten Kriegsrechts, das Honecker naturgemäß in Ordnung findet, während Schmidt darin eine Gefahr für die sozialdemokratische Hauptbeschäftigung, die »Entspannungspolitik«, sieht. Zweitens von einem Trauma der DDR: 1970 wurde Willy Brandt in Erfurt mit »Willy, Willy, Willy Brandt«-Rufen gefeiert. Das darf nie wieder passieren.

Entsprechend irrsinnig sind die Vorkehrungen, um ähnliche Sympathiebekundungen diesmal zu verhindern. In Güstrow, wo Schmidt auf seinen ausdrücklichen Wunsch hin die Barlach-Gedenkstätte und die Skulptur »Der Schwebende« im Güstrower Dom besucht, ist die Stadtbevölkerung durch Stasi-Mitarbeiter ausgetauscht worden.

Güstrow ist ein Potemkinsches Dorf, ein Denkmal sozialistischen Kontrollwahns. Die Stasi-Leute sind angewiesen, »unter Einsatz von Licht, Effekten und Weihnachtsmusik eine lockere Atmosphäre« zu verbreiten.

Als Helmut Schmidt den Güstrower Dom betritt, wo er von Landesbischof Heinrich Rathke begrüßt wird, kommt es aber doch noch zu einem Moment der Wahrhaftigkeit. Als Domkantor Paul Schumann eine Bach-Kantate anstimmt, setzt sich Schmidt unvermittelt ins Kirchengestühl, lauscht in sich versunken seinem Lieblingskomponisten – und scheint zu beten.

Dem Atheisten und Marxisten Honecker bleibt nichts anderes übrig, als dem Protestanten Schmidt zu folgen, sich ebenfalls zu setzen, Interesse zu simulieren und gleichfalls, wenn auch mürrisch, dem Protestanten Bach in einer protestantischen Kirche zu lauschen.

Für wenige Minuten stiehlt eine Bach-Kantate dem ersten Sekretär des ZK der SED und Vorsitzenden des Staatsrates der DDR, der seit Jahrzehnten keine Kirche mehr betreten hat, die Stasi-Show.

Als Helmut Schmidt einmal …

… mit einer CD verwechselt wurde

Helmut Schmidt spielt, das weiß in Deutschland jeder, ganz passabel Klavier. Er hat sogar zwei LPs eingespielt. Bei Mozarts Klavierkonzert Nr. 7 für drei Klaviere (KV 242) hat Schmidt natürlich den einfachsten Part übernommen. Mozart hatte die dritte Klavierstimme einst für die elfjährige Gräfin Giusepina Lodron komponiert. Auch das Klavierkonzert von Johann Sebastian Bach (BWV 1060), das Schmidt mit Justus Frantz und Christoph Eschenbach aufgenommen hat, kauft man sicher nicht, weil hier Virtuosentum vorgeführt wird. Sondern weil ein Weltenlenker am Piano sitzt. Das ist immer forte.

Doch Schmidt ist inzwischen weiter. Die letzte Aufnahme datiert von 1982. Danach hatte er daheim in Hamburg-Langenhorn Zeit zum Üben.

Dezember 2008. Helmut Schmidt wird neunzig. Der Journalist Dieter Buhl besucht den Kanzler am Brahmsee. Loki empfängt ihn. Aus dem Nebenzimmer perlt Klaviermusik. Eine Fantasie über Bachs »Italienisches Konzert« in F-Dur, BWV 971.

»Was für eine wunderbare Aufnahme«, bemerkt der Besucher.

»Das ist keine Aufnahme«, sagt Loki. »Das ist Helmut. Das ist er nebenan im Arbeitszimmer.«

Als Helmut Schmidt einmal …

… Großbritannien vor einem Labour-Schaden bewahrte

1974. Europa bekommt zwei neue Regierungschefs: Helmut Schmidt löst Willy Brandt als Bundeskanzler ab, und in Großbritannien wird der Konservative Sir Edward Richard George Heath durch den neuen Labour-Premier James Harold Wilson, Baron Wilson of Rievaulx ersetzt.

Britanniens Neuer hat einen europafeindlichen Wahlkampf gemacht – und gewonnen. Er lässt verlauten: »Die Labour-Party ist gegen eine britische Mitgliedschaft im gemeinsamen Markt, so wie sie von der konservativen Regierung ausgehandelt wurde.« Und: »Das Volk sollte das Recht haben, durch ein Referendum zu entscheiden.«

Doch bevor das Volk befragt wird, soll erst mal einer das Wort ergreifen, der wirklich Ahnung hat: Helmut Schmidt wird zum Labour-Parteitag eingeladen, um über Europa zu sprechen.

Labour-Mann Renée Short findet den Schmidt-Besuch nicht so gut: »Nach Ansicht vieler von uns im Vorstand besteht seine einzige Aufgabe darin, der Konferenz brüderliche Grüße seiner Partei zu überbringen. Sollte er versuchen, mehr zu tun und uns eine Lektion darüber zu erteilen, wie unsere Haltung gegenüber dem gemeinsamen Markt aussehen sollte, würden viele von uns unsere starke Missbilligung durch Auszug zum Ausdruck bringen.«

Brüderliche Grüße – diesen sozialistischen Kitsch können die linken Labour-Leute vergessen. Wer Schmidt bucht, kriegt Schmidt.

Der Kanzler rückt an – und redet ausführlich über den gemeinsamen Markt. »All I really want to say … is that your comrades on the Continent want you to stay«, sagt Schmidt in perfektem Englisch. »Alles, was ich hier sagen kann, ist dies: Eure Genossen auf dem Kontinent wollen euch dabeihaben.«

Natürlich geht keiner raus. Sogar die härtesten Europa-Hasser, die Minister Michael Foot und Anthony Wedgwood Benn, klatschen Beifall.

Am nächsten Tag jubelt der *Evening Standard*: »Skilful Schmidt sells the Market to Labour.« »Geschickter Schmidt verkauft Labour den gemeinsamen Markt.«

Im Jahr darauf kommt das Referendum: Es gewinnen die Europa-Befürworter.

Als Helmut Schmidt einmal …

… den Weihnachtsbaum versteckte

Seit 1976 ist das neue Kanzleramt in Betrieb. Erstbewohner ist ein Mann, der sich gern so nüchtern gibt, wie er heißt: Schmidt, Helmut. Erstwohnsitz: Hamburg-Langenhorn.

Schmidt braucht nicht viel: immer eine Flasche Cola auf Vorrat, Reyno-Menthol-Fluppen und vielleicht mal eine Erbsensuppe zum Mittag.

Natürlich, er kokettiert auch mit diesem Image, denn an Selbstbewusstsein mangelt es ihm keineswegs, was alle, die unter ihm in Europa und weltweit Regierungschefs sein dürfen, jederzeit bestätigen können.

Der Mann, der sich »erster Angestellter der Republik« nennt, scheint also ideal zu passen zu einem Staat, der ja nicht weiter auffallen will – schließlich ist der Krieg noch nicht ganz so lange her. Pomp muss nicht sein. Man ist der Musterknabe in Bescheidenheit.

Doch 1982 wird der protestantische Norddeutsche ersetzt durch einen dicken Katholiken aus dem Süden: Helmut Kohl ist nun der Kanzler, und nun weht ein anderer Wind.

Kohl dröhnt, es müsse eine »geistig-moralische Wende« her, so als sei das Land völlig verlottert und stünde kurz vor dem Untergang.

Wie zu erwarten, wird daraus nichts – dafür kommt die geistlich-botanische Wende: Am 1. Dezember 1982 geht Kohl vors Kanzleramt und drückt einen Knopf. Neben dem Pförtnerhäuschen erstrahlt ein acht Meter hoher Weihnachtsbaum im Schein elektrischer Kerzen.

Vorgänger Helmut Schmidt hatte zwar auch einen Weihnachtsbaum, den aber im Innenhof des Kanzleramtes mehr oder weniger versteckt.

Der Protestant Schmidt hält nichts von Pomp und demonstrativer Heimeligkeit und Frömmelei. Später wird er einmal sagen, was er zum zweithöchsten Christenfest wirklich benötigt: »Ich brauche das Vaterunser, die Zehn Gebote, die Kirchenmusik und den Choral.«

Als Helmut Schmidt einmal …

… die Jolle eines Kanadiers verschmähte

Die SPD ist die Partei der Seefahrer: Helmut Schmidt trägt gern eine Helgoländer Lotsenmütze, macht auf Bismarck und navigiert laut eigenen Angaben die Bundesrepublik schon mal »durch schwere Gewässer«.

Peter Glotz, der intellektuelle Bundesgeschäftsführer, attestierte der SPD allerdings einmal die »Wendigkeit eines Supertankers«. Außerdem schenken sich die allzeit Käpt'n-Iglo-artig mit Pfeifen bewehrten Sozis (Engholm, Wehner, Schmidt) auf Parteitagen ständig maritime Steuerräder, um auf diese Weise zu verdeutlichen, dass sie »Kurs halten«.

Gemeinsam ist allen Sozialdemokraten auch die »Lust am Untergang«, die Willy Brandt den Seinen einmal attestierte.

Vielleicht hat der kanadische Premierminister Pierre Trudeau ja an all das gedacht, als er Helmut Schmidt im Sommer 1978 eine sogenannte »Laser-Jolle« schenkt.

Das war wohl falsch gedacht: Das sportliche Gerät

(4,23 m lang, 1,73 m breit und nur 56,7 kg schwer) sieht eher aus wie ein größeres Surfbrett und wird von Helmut Schmidt auch dementsprechend betitelt: »Plättbrett« – auf Hochdeutsch »Bügelbrett«.

Was soll jemand, der Supertanker und schwere Stürme gewohnt ist, mit so einem Ding? Und wie soll ein Weltstaatsmann in so einer Nussschale, die nur deshalb nicht untergeht, weil die Seitenwände mit Schaumstoff ausgefüllt sind, seine Würde bewahren?

Wie auch immer: Das Ding vergammelt in Helmut Schmidts Bootsschuppen am Brahmsee. Der Kanzler bevorzugt weiterhin seine stabilere Conger-Jolle. Ein Gerät für Männer.

Die Kanadier bekommen Wind von Schmidts Jollen-Verweigerung, und als gar das Gerücht aufkommt, Schmidt habe die Jolle verschenkt, sind sie regelrecht sauer.

Regierungssprecher Bölling muss eingreifen. Er lässt dem kanadischen Kabinettschef Jacques Roi mitteilen, das Bötchen liege immer noch im besten Zustand im Schmidt-Schuppen. Und auch Schmidt fühlt sich genötigt, die Wogen zu glätten: Er traue sich mit dem sportlichen Ein-Mann-Boot nicht auf den Brahmsee: »Ich bin ja kein so junger Mann mehr.«

Doch soll man das einem Mann glauben, der kurz danach wieder ein ganzes Land »durch schweres Fahrwasser« steuert?

Als Helmut Schmidt einmal …

… von einem Rollkragenträger mit Hornbrille zum Weltretter erklärt wurde

Spätestens 1974, als Helmut Schmidt Kanzler wird, muss einem Mann mit Hornbrille und Rollkragenpullover klar sein: Freundschaft wird das nicht mehr.

Erhard Eppler stammt aus einem ur-protestantischen schwäbischen Elternhaus und ist zum Zeitpunkt von Schmidts Wahl zum Bundeskanzler Entwicklungshilfeminister. Allerdings nicht mehr lange. Denn unter dem schnell von Theorien aller Art genervten Schmidt sind die Entwicklungsmöglichkeiten des Entwicklungsministers im Kabinett begrenzt: Wenige Wochen nach Schmidts Amtsantritt tritt Eppler ab.

Schwäbischer Pietismus und hanseatischer Rationalismus, Sozialkundelehrerbart und Helgoländer Lotsenmütze – das passt nicht zusammen.

Eppler schreibt Bücher, die *Ende oder Wende* heißen, und ist gegen alles, worauf Sozialdemokraten vor Kurzem noch stolz waren: Wirtschaftswachstum und Malochertum, Atomkraftwerke und Tornado-Kampfflugzeuge. Helmut Schmidt ist einfach nur genervt von Leuten wie Eppler: »Ich kann diese Oberstudienräte nicht leiden, die ihre Lebensängste auf die Kernenergie projizieren.«

1980. Erhard Eppler ist inzwischen Spitzenkandidat der SPD bei den Landtagswahlen in Baden-Württemberg – für einen Sozi ist das Schwabenland das, was das Outback für einen Aussi ist: unwirtliche Steppe, in der man nichts abbekommt außer einer weiteren Schramme.

Eppler ist verzweifelt, denn ausnahmsweise muss er keine Erkenntnisse über den drohenden Weltuntergang gewinnen, sondern eine schnöde Schwaben-Wahl.

In dieser Situation, sein Lieblingsfeind liegt gerade im Krankenhaus, ruft er im Namen Schwäbisch-Halls, der Bundesrepublik und der ganzen Welt um Hilfe: »Dass Helmut Schmidt rasch wieder ganz gesund wird, ist für die Bundesrepublik Deutschland und, ich sage es ohne Pathos, für diese Welt jetzt noch wichtiger als der Wahlkampf in Baden-Württemberg.«

Es gibt zwar nur einen Gott, aber eben auch nur einen Schmidt, und alles andere sind Nebensächlichkeiten: Auf Dauer war das Akzeptieren dieser Erkenntnis selbst für Erhard Eppler einfach unvermeidlich.

Als Helmut Schmidt einmal …

… vom Genius Loki gerettet wurde

Helmut Schmidts Gesundheitszustand bekümmert nicht nur falsche Freunde. Auch echte Feinde verfolgen die Krankengeschichte des Kanzlers: »Helmut Schmidt ist nicht gesund – darauf spekuliert der Brandt«, weiß im Oktober 1979 Franz Josef Strauß, der seinerseits darauf spekuliert, dass Helmut Kohl irgendwann schlappmacht.

Neben Strauß zweifelt noch ein anderer an der Kanzlergesundheit: Helmut Schmidt selbst. Allerdings nur einmal am Tag: »Wenn ich am Morgen beim Rasieren in den Spiegel schaue, denke ich auch immer, ich müsste spätestens am Mittag zurücktreten.«

Tatsächlich ist die Krankengeschichte Schmidts beeindruckend:

1972 liegt der Finanzminister wochenlang wegen einer – unerkannten – Schilddrüsenerkrankung, dem sogenannten Basedow-Syndrom, im Bundeswehrkrankenhaus in Koblenz.

1975 erkrankt er an einer Lungen- und Rippenfellentzündung.

Winter 1978: Bindehautentzündung, nachdem ihm in Hamburg ein Stück Glas ins Auge geweht ist.

Spätsommer 1980: akute Herzrhythmusstörungen, die vom Regierungssprecher als »fiebriger Infekt« verharmlost werden.

Januar 1981: eitrige Mandelentzündung, Verdacht auf Herzmuskelentzündung, eine sogenannte Myokarditis.

Im Oktober 1981 setzt sein Herz mehrere Male über mehrere Sekunden aus – ein sogenannter »Adam-Strokes-Anfall«. Im Bundeswehrkrankenhaus Koblenz wird ihm ein Herzschrittmacher eingesetzt.

Mehr als ein dutzend Mal ist Schmidt im Dienst ohnmächtig aufgefunden worden.

Bei der FDP macht man sich Sorgen, schließlich kann man – höchstens – noch mit Schmidt über die Runden kommen. Alle anderen Sozis fallen für die FDP, die sich gerade in Richtung CDU abzusetzen beginnt, aus.

Wird aus der Schmidt-Krise eine Staatskrise? Man kennt das aus den USA, wo Jimmy Carter mal beim Joggen zusammenbrach und danach, als Schwächling gebrandmarkt, in der öffentlichen Meinung für immer erledigt war. Das kann dem Kanzler nicht passieren.

Schmidt joggt lieber gar nicht erst. Und er kann auf einen mächtigen Unterstützer zählen. Die FDP hat nicht mit dem Genius Loki gerechnet. Die sagt über ihren schwächelnden Helmut: »Er hat eine erstaunliche Konstitution, wie ein belgischer Ackergaul.«

Damit ist das Thema Schmidt und seine Gesundheit beendet. Deutschland wird von einem Ackergaul regiert. Nicht von einem Jogger. Das ist der Unterschied.

Am 23. Dezember 2013 feiert der Ackergaul seinen 95. Geburtstag.

Als Helmut Schmidt einmal …

… jemandem in den Arm fiel

Helmut Schmidt und die deutsche Öffentlichkeit haben nicht viel gemeinsam – welcher Deutsche liest schon Karl Popper und Immanuel Kant und spielt Bach –, aber eines eben schon: Beide denken nur das Beste von Helmut Schmidt.

Seit der »Nacht von Mogadischu« gilt Helmut Schmidt als tatkräftig, entscheidungsfreudig, als ewiger Herr des Verfahrens und als krisenresistent.

In Frankreich, das sich als genussfreudiges Gegenstück zur nüchternen Bundesrepublik gefällt, nennt man Schmidt hingegen gern abschätzig »Le Feldwebel«. Wahrscheinlich ist das gleich doppelt abschätzig gemeint: Revolution können sie hier besser, und wenn der westliche Nachbar schon mal autoritär regiert wird, dann wenigstens von einem General statt von einem Unteroffizier.

Helmut Schmidt fährt trotzdem gern nach Frankreich. Schließlich regiert hier Giscard d'Estaing, ein großbürgerlich wirkender Mann, der allerdings aus einem Freiherrengeschlecht stammt und schon mal zur Wildschweinjagd bläst.

In Giscards Élysée-Palast kann Schmidt zwischen Louis-seize-Stühlen Urlaub machen von all den inkompetenten Sozialstaatsterroristen der linken SPD und dem Landgrafen Otto von der FDP.

Jedenfalls zählt Schmidt Giscard zu seinen Freunden, und vielleicht ist es kein Zufall, dass »Le Feldwebel« ihm im Februar 1980 quasi in die Arme fällt.

Bei einer Unterredung mit Giscard verdreht der Kanzler plötzlich die Augen und sackt ohnmächtig zusammen. In seinen Memoiren schreibt der französische Staatschef später: »Diese Krankenwache hat etwas von einer Shakespeare-Szene. Was würde wohl die Öffentlichkeit, die Menge dazu sagen, wenn sie uns so sähe, Helmut auf dem Sofa und mich, wie ich hilflos neben ihm wache, ohne ihm helfen zu können?«

Natürlich sagt die Öffentlichkeit gar nichts, denn sie erfährt nichts davon.

Und Schmidt? Der macht nach dem Schwächeanfall einfach weiter, als sei nichts geschehen. Und vielleicht wurde in diesem Moment für Giscard aus »Le Feldwebel« Helmut. Dabei ist der Kanzler gar kein Feldwebel, sondern seit 1958 Hauptmann der Reserve.

Als Helmut Schmidt einmal …

… mit Italien jubelte

Helmut Schmidt mag Sandro Pertini, den italienischen Staatspräsidenten. Mit seiner dicken Hornbrille sieht der ältere Herr ein bisschen so aus wie der erste sozialdemokratische Bundeskanzler Gustav Heinemann, geht aber – anders als der strenge Pietist – nicht zum Lachen in den Keller.

Wenn Schmidt und Pertini sich begegnen, ist das immer eine denkwürdige Angelegenheit.

So auch 1982 in Madrid, als die beiden auf der Ehrentribüne des Estadio Santiago Bernabéu am 11. Juli gemeinsam das Endspiel der Fußballweltmeisterschaft sehen. Deutschland spielt gegen Italien.

Die WM ist für Deutschland mies gelaufen: Zwar hat man das Halbfinale gegen Frankreich gewonnen, aber nach einem hässlichen Foul von Toni Schumacher an Patrick Battiston spricht die französische Presse von deutschen »Panzern« und Gestapo-Methoden. Der hässliche Deutsche ist wieder da. Die Empörung geht so weit, dass der ohnehin nicht fußballbegeisterte Schmidt mit dem französischen Staatspräsidenten Mitterand in einer gemeinsamen Presseerklärung zur Mäßigung aufrufen muss.

Und nun sitzt Schmidt neben Pertini und sieht in der 56. Minute das 1:0 für Italien durch Paolo Rossi. In der 68. Minute sieht er das 2:0 durch Marco Tardelli. Und er sieht, wie in der 80. Alessandro Altobelli zum 3:0 einnetzt, das der kickende Waldschrat Paul Breitner mit seinem 1:3 nur noch kosmetisch aufbessern kann.

Pertini jubelt, ballt die Fäuste, tanzt. Schmidt klatscht und grinst so enthemmt, dass seine perfekte Zahnreihe im Flutlicht schimmert.

Am nächsten Tag rumort es. »Verrat« schallt es aus den Reihen der Deutschland-Fans, die man damals noch »Schlachtenbummler« nennt.

Die Frage »Durfte Schmidt grinsen?« löst zwölf Jahre nach der historischen Geste von Willy Brandt am Warschauer Ghetto-Ehrenmal die seinerzeit vom *Spiegel* gestellte Frage ab: »Durfte Brandt knien?« Sind die Sozis also doch Landesverräter, egal ob in Warschau oder Bernabéu?

Doch Schmidt konnte nicht anders. Als Begründung für seine plötzliche Fußballbegeisterung sagt der Kanzler, er habe sich einfach am spontanen, überschäumenden Jubel von Sandro Pertini erfreut.

Als Helmut Schmidt einmal …

… die Pressefreiheit einschränkte

Wenn Helmut Schmidt im Bundestag spricht, kann es schon mal vorkommen, dass jemand »Oberlehrer« dazwischenruft. Das wäre die harmlosere Variante. Sehr beliebt bei Schmidt-Auftritten ist allerdings auch der Einwurf »Oberleutnant«. Das ist nicht gerade nett gemeint und auch noch falsch. Erst war er, wie die meisten seiner Generation, in der Wehrmacht. Drei Jahre nach Gründung der Bundeswehr wurde er im März 1958 zum Hauptmann der Reserve befördert.

Schmidt ist zweifellos ein Mann, der Autorität schätzt. Vor allem seine eigene – denn was soll man machen, wenn alle anderen dümmer sind als man selbst? Richtig – man übernimmt notgedrungen den Job und geht voran.

Immer wieder zu spüren bekommen Schmidts autoritäre Anwandlungen diejenigen, die in der Demokratie eher fürs Antiautoritäre, fürs Kritische zuständig sind: die Journalisten. Schmidt bezeichnet sie gern schon mal als »Banditen« oder »Wegelagerer«. Und die, darunter viele Angehörige der studentisch bewegten antiautoritären Generation, sind nicht gerade Schmidt-Fans. Sie trauern immer noch »Willy« nach, dem großen Sanften.

Einmal jedoch gelingt es Schmidt, die Pressemeute so zu kommandieren, wie es ihm angemessen erscheint.

Dezember 1977. In der Regierungsmaschine, einer kleinen VFW 614 mit 40 Plätzen, sitzt der Kanzler vorn im Kanzlersessel, hinter ihm sitzen die mitreisenden Journalisten. Der Kanzler war gerade in Italien. Mit dem dortigen Ministerpräsidenten Andreotti gab es Verstimmungen. Jetzt ist – dank Schmidt – alles wieder gut.

Als die Maschine anrollt, winkt Schmidt zum Abschied am Kabinenfenster. Aber das reicht ihm nicht. Kanzlerbefehl nach hinten an die freie Presse der Bundesrepublik Deutschland: »Los, ihr müsst zum Abschied winken. Das gehört sich so.«

Die freie Presse tut wie befohlen und winkt mit Taschentüchern und Kotztüten, bis weitere Befehle vom Kanzlersessel ergehen.

Nächster Schmidt-Befehl, kanzlergemäß knapp: »Sense.«

Die Wink-Elemente im Presseabteil werden wieder verstaut, und Schmidts 30-sekündige Kontrolle der Pressefreiheit ist zu Ende.

Als Helmut Schmidt einmal …

… mit dem Rauchen aufhörte

Helmut Schmidt gehört nicht zu den Menschen, die ständig mit dem Rauchen aufhören – bevor sie sich die nächste Zigarette anzünden. Der Kanzler pafft einfach weiter seine täglichen 40 Reyno-Menthol-Zigaretten.

Schmidt ist da ganz auf der Linie seines Lieblingskomponisten Johann Sebastian Bach. Der hatte 1704 in seiner Arie »Gedanken eines Tobakrauchers« getextet:

Ich kann bei so gestalten Sachen
mir bei dem Tabak jederzeit
erbauliche Gedanken machen.
Drum schmauch ich voll Zufriedenheit.

Doch zweimal hat er es dann doch probiert. Die 500-jährige Weltgeschichte des Tabakkonsums verzeichnet zwei Entzugsversuche von Helmut Schmidt:

Im Frühjahr 1966 stellt der frischgebackene Fraktionsvorsitzende das Rauchen vorübergehend ein. In den ersten acht Tagen danach wird er fünf Kilo schwerer. Herbert Wehner hingegen pafft weiter Pfeife und löst Schmidt 1969 prompt als Vorsteher der SPD-Abgeordneten ab.

Das zweite Mal wird Schmidt – inzwischen Kanzler – im Oktober 1980 abstinent. Im Dezember raucht er dann auch die letzte Pfeife.

Im März 1981 kommt Felipe González, der spanische Sozialistenführer, nach Bonn und spricht beim Kanzler vor, der durch den Nikotinentzug diesmal acht Kilo zugenommen hat.

González ist eher ein Kumpel von Willy Brandt. Beim Fototermin stehen die beiden herum und wissen nicht, was sie sagen sollen. Der Spanier durchbricht die Stille und versucht einen Scherz: »Sie sind aber dick geworden.« Der Kanzler erwidert: »Weihnachten habe ich mir das Rauchen abgewöhnt, Ostern werde ich auch noch aufhören zu essen.« Dann bricht Schmidt den Fototermin abrupt ab und eilt davon.

Trotz dieser Erlebnisse ist der Kanzler, was die Tabakabstinenz angeht, optimistisch. Im Frühsommer 1981 verkündet er: »Jetzt bin ich darüber hinweg.«

Kurz darauf fängt Schmidt wieder mit dem Rauchen an.

Als Helmut Schmidt einmal …

… trotz RAF den Sekt selber holte

Am 19. Oktober 1977, es ist der Höhepunkt des »deutschen Herbstes« – Hanns Martin Schleyer ist bereits tot im Kofferraum eines Audi gefunden worden –, schickt die RAF dem Kanzler Liebesgrüße aus dem Untergrund: »Wir werden Schmidt und den ihn unterstützenden Imperialisten nie das vergossene Blut vergessen.«

Natürlich gilt für Schmidt schon längst die Sicherheitsstufe 1 gefährdeter Personen. Sein Haus im Neubergerweg 80/82 ist für 600 000 Mark gegen Raketenangriffe gesichert worden. Vor dem Schmidt-Domizil steht ein Häuschen für die Beamten des Sicherheitskommandos, für das Schmidt – wie jeder andere Bürger – eine Baugenehmigung beantragen musste. Und vor Schmidts Wochenendhaus am Brahmsee ist eine Beleuchtungsanlage für 188 000 Mark installiert worden.

Trotz allem liebt es der Kanzler, den Beamten von der Sicherheit den Schweiß auf die Stirn zu treiben. So taucht der Mann, der – wie bei einem Auftritt im schleswig-holsteinischen Wahlkampf – schon mal von hundert Polizisten beschützt wird, immer mal wieder auf unerklärliche Weise ohne bewaffnete Entourage auf.

Bei der Blütenfahrt 1980 im Alten Land steuert der Kanzler seinen Mercedes höchstpersönlich nach Jork zur Galerie des Obstbauern Hans-Dieter Ritter, um der Vernissage des befreundeten Künstlers Christian Modersohn beizuwohnen.

Auch FDP-Mann Uwe Ronneburger erhält Besuch vom Selbstfahrer Schmidt, der im August 1982 vor dessen Reetdach-bewehrtem Bauernhof in Eiderstedt vorfährt, herausspringt und begeistert posaunt: »Uwe, habt ihr neu gedeckt?«

Auch dem Konsumterror will sich der Kanzler trotz Gefahr durch die RAF gelegentlich hingeben. Im Terrorjahr 1977 arbeitet er deshalb Lokis Einkaufszettel persönlich ab.

Am 19. Dezember 1977 betritt der Kanzler das Weinhaus Grohl am Hamburger Klosterstern. Er kauft 24 Flaschen Sekt seiner Hausmarke »Gillot«. Deutscher Jahrgangssekt, trocken. Unter »Hallo Helmut«-Rufen geht er dann wieder.

Als Helmut Schmidt doch einmal …

… die Jugend verführte

Im Jahr 1980 ist Helmut Schmidt nicht gerade ein Popstar. In den Jugendzimmern der Republik hängen Poster von Pink Floyd, die soeben ihr Endzeit-Epos »The Wall« herausgebracht haben. Oder von David Bowie, der mit »Ashes to Ashes« reüssiert. Und im Karneval geht man vielleicht als »Luke Skywalker« aus dem Film *Das Imperium schlägt zurück*, der ebenfalls 1980 in die Kinos kommt. Bald werden Reagan-Pappgesichter in Mode kommen – als Ersatz für Monstermasken.

Nein, Politiker sind im Jahr 1980 schon längst keine Helden mehr. Ganz abgesehen davon, dass Jugendliche sich wohl selten Weltenlenker zum Vorbild nehmen, es sei denn, sie sind tot, sehr weit links und tragen Baskenmützen, so wie Che Guevara, ewiger Reserve-Jesus und Held der T-Shirt-Industrie.

Der Jugend fehlt einfach der Sinn dafür, dass Schmidt und der französische Staatspräsident Giscard d'Estaing das Lennon/McCartney-Duo der europäischen Währungspolitik sind. Ihr fehlt der Blick für die taktische Schönheit der Schmidt'schen Nachrüstungspolitik, die einem Schachspiel auf höchstem Niveau gleicht.

Schmidt ein Vorbild? Fehlanzeige.

Doch es gibt ermutigende Ausnahmen: Im Herbst 1980 kommt es im Gymnasium des Hamburger Stadtteils Farmsen zu einem Zwischenfall, der beweist, dass Schmidt doch zum Popstar taugt: Offensichtlich vom Schmidt'schen TV-Dauerschnief (es ist Wahljahr) angestachelt, veranstalten die dortigen Oberschüler einen Schnupftabak-Wettbewerb, an dessen Ende ein zwölfjähriger Schüler ärztlich versorgt werden muss.

Der Kanzler erhält eine Rüge vom Schulleiter. Der heißt Uwe Schmidt und regt in einem Brief ans Kanzleramt an, »daß während der Zeit des Fernsehauftritts das Rauchen und Schnupfen unterbleiben könnte«.

Schmidt schnupft einfach weiter. Schließlich hat ja umgekehrt 1978 die Jugend auch nicht auf seinen Rat gehört, den Fernsehkonsum einzuschränken.

Als Helmut Schmidt einmal …

… etwas hinterm Scheibenwischer fand

Der Daimler des Kanzlers, ein Mercedes der S-Klasse, Baureihe W116, ist eigentlich ausreichend gekennzeichnet: Der 450er trägt die amtliche Registrierung »0-2«. Nur einer hat noch Beeindruckenderes zu bieten: der Bundespräsident. Der ist in seiner Mercedes-Limousine mit der in Blech geprägten Ziffernfolge »0-1« noch etwas exklusiver unterwegs.

Das müsste auch den Bonner Politessen bekannt sein – ist es aber nicht. Im Februar 1980 verpassen sie dem Kanzler-Daimler einen Strafzettel über 20 Mark wegen Falschparkens vor dem Bonner Bundeshaus.

Was ist nur mit den deutschen Staatsdienern los? Hat die Welle des antiautoritären und staatskritischen Denkens nach zwölf Jahren nun auch das Milieu der Bonner Politessen erreicht – bislang, anders als kommunistische Lokführer und linke Studienräte, kein Hort des Widerstands gegen Schmidt und die »herrschende Klasse«? Steckt vielleicht Strauß dahinter, mit dem Schmidt im Herbst ums Kanzleramt ringt?

Der Kanzler lässt das Knöllchen prüfen. Auf der Seite des Regierungschefs steht nicht nur eine Verordnung des Straßenverkehrsamtes der Stadt Bonn, wonach Polizeifahrzeuge dort parken dürfen »wo sie es für richtig halten«. Auf der Seite des Kanzlers steht auch die Straßenverkehrsordnung. Dort heißt es in Paragraf 35, »Sonderrechte«: »Von den Vorschriften dieser Verordnung sind die Bundeswehr, der Bundesgrenzschutz, die Feuerwehr, der Katastrophenschutz, die Polizei und der Zolldienst befreit, soweit das zur Erfüllung hoheitlicher Aufgaben dringend geboten ist.«

Die Öffentlichkeit lernt aus dem Knöllchenzwischenfall Folgendes: Der Kanzlertransport ist eine hoheitliche Aufgabe, und die Schmidt-Limousinen sind gar keine Staatskarossen, sondern Polizeifahrzeuge, schließlich werden sie ja von Männern des BKA gefahren.

Die Stadt Bonn muss das Knöllchen zurücknehmen. Der Daimler mit dem amtlichen Kennzeichen »0-2« parkt weiterhin, wo er will.

Als Helmut Schmidt einmal …

… dem Schiller eins auf die Glocke gab

1972. Willy Brandt interessiert sich für zwei Dinge überhaupt nicht: die Innere Sicherheit und die Weltwirtschaftskrise. In den Siebzigerjahren ist das ungünstig, prägen doch zwei Themen das politische Geschehen: die Innere Sicherheit und die Weltwirtschaftskrise.

Eigentlich ist klar: Schmidt muss ran. Der kennt sich mit beidem aus und mit noch viel mehr, eigentlich mit allem, wie er auch gern mal der Öffentlichkeit mitteilt: »Mir liegt es schon, mich in dem gesamten Bereich der Politik zu tummeln. Bis auf den Bereich der Landwirtschaft fühle ich mich durchaus nicht inkompetent dafür.«

Doch erst einmal wird Schmidt »Superminister«. Der Doppelposten für Finanzen und Wirtschaft ist zwar von Karl Schiller besetzt, doch der eitle, dandyhafte Mann bekommt seinen Narzissmus nicht mehr in den Griff. Und er mag Helmut Schmidt nicht.

Die beiden sind in der Währungspolitik aneinandergeraten. Aber eigentlich geht es um ganz anderes: Schiller ist ein Star. Und Helmut Schmidt, der bei dem Volkswirtschaftsprofessor in Hamburg studiert hat, ist ein bisschen neidisch.

1972 schlägt Schmidts Stunde – Schiller tritt nach wochenlangen Querelen zurück. Die Regierung ist in der Krise – was tun?

Willy Brandt weiß es. Er lässt sich eine Leitung nach Athen legen. Dort macht der einzige Retter der Sozi-Regierung gerade Urlaub. Wirtschaftslaie Brandt zu Schmidt: »Du, Helmut, kannst du nicht früher zurückkommen? Im ökonomischen Bereich ist was los.«

Und da im »ökonomischen Bereich« auch in den Jahren danach »was los« war, übernahm Helmut kurz danach den Job gleich ganz. Und Willy ging in die Ferien. Für immer.

Als Helmut Schmidt einmal …

… einen Schlips hatte – und nicht mehr wusste, von wem

Ärger hat Schmidt zur Jahreswende 1980/81 mit vielen: Die Jugend rebelliert gegen Atomkraft und Atomraketen, die Parteilinke ebenso, und mit Willy läuft es so wie immer: schlecht.

Ärger mit der SPD, Ärger mit der FDP – und jetzt kommt auch noch Ärger mit der IBF dazu. Das Kürzel steht für »International Bar Flies«, die Vereinigung der Zecher, Barbesucher und intellektuellen Alkoholiker. Sie treffen sich bevorzugt in »Harry's New York Bar«, dem berühmtesten Ort der Welt für gepflegtes Abstürzen.

Als der Kanzler im Dezember 1980 mit einer äußerst seltsamen Krawatte in der Öffentlichkeit auftritt, kommt es irgendwo zwischen Schlips und Schwips zum Streit. Auf die Frage, wo Helmut denn das seltsame Stück her habe, sagt Loki angesichts der auf dem Binder eingestickten Bienen: Der Schlips sei wohl aus dem New Yorker Naturkundemuseum.

Alles Quatsch. Dcr Binder ist die Klubkrawatte der IBF, die umgehend verlauten lässt: »Er wurde dem Bundeskanzler auf einem seiner letzten Feste von uns verliehen und verdeckt die Oberhemdknopfleiste fast aller europäischen Würdenträger, die sich dazu bekennen, auch mal einen hinter diesen Schlips zu gießen.«

Und auf dem Binder sind auch nicht Bienen abgebildet, sondern besoffene Fliegen.

Schmidt wurde nie mehr mit der Krawatte gesehen. Er trinkt am liebsten Cola.

Als Helmut Schmidt einmal …

… durch eine linke Kameramann-Verschwörung gewann

1976 gelingt Helmut Kohl etwas, wovon Sozialdemokraten schon lange nur noch träumen können: Er schrammt knapp an der absoluten Mehrheit vorbei. 48,8 Prozent fährt der CDU-Chef ein. Auch die Union wird dieses Ergebnis nur noch einmal – 1983 (48,8 %) – erreichen.

Das Problem: Schmidt bleibt trotzdem Kanzler. Die FDP hat noch keine Lust, mit der Union zusammenzugehen. Sie ist, wie Franz-Josef Strauß meint, der »Wurmfortsatz der SPD«.

Die Konservativen, die mit dem Slogan »Freiheit statt Sozialismus« angetreten sind, wittern eine Sozi-Verschwörung. Das Fernsehen ist – Beispiel »Rotfunk« WDR – als linke Tarnorganisation verschrien und soll schuld am Kohl-Durchfall sein.

Die Kameras hätten ihren Kandidaten Kohl, den man gerade erst mit einer schicken Draht- statt Hornbrille ausgerüstet hat, in ein ungutes Licht gesetzt, heißt es aus den Reihen von demoskopisch beschlagenen CDU-Fans: 53-mal, so das Institut für Publizistik der Mainzer Universität, sei Kohl bei Wahlkampfreden aus der Vogel- und Froschperspektive aufgenommen worden, Schmidt hingegen nur 31-mal.

22-mal kein Frosch – und schon ist Schmidt Kanzler?

Noch einen Vorteil hätten die Kameramänner und linken Verschwörer in den Rundfunkanstalten für den Kanzler herausgeschlagen: Bei Berichten von Schmidts Wahlveranstaltungen seien öfter Jubler, bei denen von Kohl öfter Störer gezeigt worden.

Das Fernsehen – ein Schmidt-Propagandamedium? Quatsch, sagt ein erfahrener TV-Mann und meint, man müsse eben einsehen, dass »Schmidt tatsächlich mehr Zustimmung bei seinen Wahlversammlungen erhielt als Kohl«.

Der Mann heißt Franz Alt. Und ist CDU-Mitglied.

Aber irgendwie haben die CDU-nahen Wissenschaftler ja doch die Wahrheit gesagt. Kohl habe im Fernsehen den Eindruck von »Schwäche, Leere, Antipathie« vermittelt. Schmidt hingegen habe »Sympathie, Ruhe und Ungezwungenheit« ausgestrahlt.

Als Helmut Schmidt einmal …

… zu gut abschnitt

1979 hat Loki Schmidt die »Stiftung zum Schutze gefährdeter Pflanzen« gegründet. Seitdem gibt es in Deutschland eine Wahl mehr. Neben Miss-, Kreis- und Landtagswahlen und der Schmidt-Wiederwahl nämlich jene zur »Blume des Jahres«, um die sich Loki hingebungsvoll kümmert.

1980 wird also nicht nur Schmidt gewählt, sondern auch der »Lungen-Enzian« (*Gentiana pneumonanthe*). 1981 folgt die »Gelbe Narzisse« (*Narcissus pseudonarcissus*), die wiederum abgelöst wird vom »Roten Waldvögelein« (*Cephalanthera rubra*).

Lokis Tätigkeit wirkt offenbar ansteckend. Während die Kanzlergattin sich mit der »Gelben Narzisse« beschäftigt, bekommt der Kanzler es mit gelben Narzissten zu tun: Die FDP will jetzt auf einmal den schlanken Staat, will deshalb mit dem dicken Kohl regieren und bereitet den Ausstieg aus der Koalition vor.

Schmidt packt die Wut. Im hessischen Landtagswahlkampf 1982 brüllt er in die Mikros, die FDP gehöre »weggeharkt«.

Hass auf die FDP hat in Bonn Tradition: Strauß hegte eine tiefe Abneigung gegen die »Drei-Pünktchen-Partei«, und Adenauer wollte das Problem FDP mittels Anhebung der Fünfprozenthürde gleich ganz aus der Welt schaffen.

Die Liberalen, immerhin noch SPD-Koalitionspartner, empören sich über die Vernichtungsfantasien des Kanzlers.

Der schickt seinen Regierungssprecher vor, der die Worte seines Chefs in ihr Gegenteil verkehrt. Die Formulierung sei keinesfalls ein »aggressivbiologistischer Ausdruck«. Es sei absurd anzunehmen, Schmidt habe eliminieren gemeint. »Harken ist ja etwas Gärtnerisches«, so Klaus Bölling.

»Eben!«, würde in dieser Sekunde wahrscheinlich Loki sagen. Denn die weiß am besten, wie es zugeht, wenn Helmut »aggressivbiologistisch« zulangt. In den Ferien am Brahmsee greift der Kanzler regelmäßig zur Sense und schert damit im Garten am See so ziemlich alles weg, was ihm überflüssig erscheint.

Dabei hat er bereits die äußerst seltene Heidenelke eliminiert (*Dianthus deltoides*). Ein Rosenbusch blieb stehen, ist aber ins Visier des Terrorbekämpfers Schmidt geraten, der von dem stacheligen Gewächs nicht die höchste Meinung hat: »Die reinsten Kümmerlinge.«

Vielleicht ist Loki deshalb Jahr für Jahr Tausende von Kilometern im Privatwagen unterwegs, immer auf der Suche nach seltenen Pflanzen. Wo sie nicht zu suchen braucht, weiß sie ja: im Garten des Ferienhauses. Dort, aber nicht nur dort, schneidet Helmut einfach zu gut ab.

Als Helmut Schmidt einmal …

… sogar einen Sozialdemokraten zum allerallerbesten Freund hatte

Mai 1974. Willy geht, Helmut kommt. Die Sozialdemokraten, speziell ihr sogenannter »Kärrner« Herbert Wehner, haben den Bundeskanzler und Nobelpreisträger Brandt so elegant entsorgt, dass selbst die sonst in Machtfragen weit enteilten Leute von der CDU begeistert sind: »Das war eine brillante politische Strategie, den in dieser Situation auszuwechseln. So elegant und schnell ist kein CDU-Kanzler aus dem Amt gekommen.«

Jetzt, da Helmut Schmidt Kanzler ist und erst mal ein paar Willy-Leute aus dem Kanzleramt schmeißt, sich des größten Defizits in der Geschichte der Bundesrepublik annimmt (15 Mrd. Mark) und einen schärferen Ton gegen linke Spinner in der eigenen Partei anschlägt, stellt sich eine wichtige Frage: Was tun mit Willy?

Schmidt hatte ursprünglich mit Wehner den Plan ausgeheckt, Brandt im Sonntagsredneramt Bundespräsident einzulagern. Welche politische Bedeutung der Posten hat, wurde damals – im Gegensatz zu heute – noch vollkommen richtig eingeschätzt: gar keine. Walter Scheel belegte das eindrucksvoll ein Jahr später mit seiner wichtigsten Tat im Amt, dem Einsingen der Single »Hoch auf dem gelben Wagen«.

Das mit Brandt als Bundespräsident klappt nicht wegen der FDP. Ein anderer Plan muss her. Die SPD-Strategen haben eine Lösung: Brandt und Schmidt sollen Freunde werden.

Die Voraussetzungen sind zunächst gar nicht schlecht. Schmidt respektiert Brandt für seine Biografie als Widerstandskämpfer gegen die Nazis. Umgekehrt hat sich Brandt nie abfällig über die Generation Schmidt geäußert, die – im Wesentlichen unpolitisch – mit der Wehrmacht in den Krieg zog.

Doch das war's dann auch schon. Ab 1974 und erst recht mit der Nachrüstungsdiskussion ab 1979 wird klar, was Brandt und Schmidt gemeinsam haben: nichts.

Der Sozialdemokrat Brandt spricht auf der Friedensdemonstration im Bonner Hofgarten am 10. Juni 1982, während der eigene Regierungschef sich wegen der Durchsetzung der Raketenstationierung quasi in Hörweite der Sprechchöre im Kanzleramt einbunkern muss.

Brandt findet die Grünen ganz nett – Schmidt hasst sie.

Die große Brandt-Schmidt-Freundschaft – sie existiert nicht.

Das Gute – Sozis sind ehrlich.

Also sagt Willy 1981 einfach, wie so eine sozialdemokratische Freundschaft funktioniert: »Es stimmt nicht, dass ich mit Helmut Schmidt nicht könnte! Im Gegenteil, ich kann mit Helmut Schmidt sehr gut, wir dürfen nur nicht über Politik reden.«

Als Helmut Schmidt einmal …

… dafür sorgte, dass Sadat verrückt wurde

Helmut Schmidt hat überall viele Freunde (außer in der SPD). »Mein Freund Olof Palme«, sagt er gern, oder »mein Freund George Shultz« oder »mein Freund Anwar as-Sadat«.

Mit der Freundschaft in der Politik ist das so eine Sache, denn im Staatsgeschäft hat man eher »Beziehungen«, und die wiederum sind – anders als im sonstigen Sprachgebrauch – keineswegs intimer, als es eine Freundschaft wäre. Das ändert sich erst, als Helmut Kohl die »Männerfreundschaft« einführt: Da wird das Staatsgeschäft auf die ziemlich persönliche Ebene und auch schon mal (mit Boris Jelzin) in die Sauna verlegt – geschadet hat Deutschland auch das nicht.

Helmut Schmidt gilt auf keinen Fall – nicht mal im Umgang mit seinen Freunden – als Kumpeltyp und schon gar nicht als jemand, der sich viel aus der Staatskunst anderer machen würde. Schließlich ist er viel zu sehr damit beschäftigt, seine überragenden Fähigkeiten voll auszuschöpfen.

Dennoch kann auch Schmidt sehr nett sein und seinem Gegenüber das Gefühl vermitteln, er sei der allergrößte Schmidt-Kumpel und der größte Staatsmann der Welt.

Im Oktober 1980 reist Hosni Mubarak an, Vize von Helmut Schmidts Freund Anwar as-Sadat, Ägyptens Staatspräsident. Wie andere Staatsgäste auch wird Mubarak ins sogenannte Heckel-Zimmer geführt (das so heißt, weil dort Bilder des deutschen Expressionisten Erich Heckel hängen). Auf einem kleinen Tisch hat Schmidt 25 Fotografien von ausländischen Staatschefs (mit Widmung), eingerahmt in Silber und Leder, aufgestellt. Und weil die deutsch-ägyptischen Beziehungen offensichtlich für den Kanzler höchste Priorität besitzen, steht das Porträt des Staatschefs vom Nil in der ersten Reihe.

Mubarak ist begeistert – ein Hoch auf die deutsch-ägyptische Freundschaft! »Sehen Sie nur selbst, wie gut die Beziehungen zwischen unseren Ländern sind«, umschmeichelt Schmidt den ägyptischen Gast.

Was Mubarak nicht weiß: Der Kanzler ist hinsichtlich seiner Lieblingspolitiker sehr flexibel. Wenn ein amerikanischer Gast das Heckel-Zimmer zum Shakehands betritt, hat Ministerialrat Hans Jürgen Winkel vorher das Porträt von Jimmy Carter oder Gerald Ford in die erste Reihe gerückt. Kommt ein Brite, lächelt die Queen an vorderster Front. Wird Schmidt von einem Franzosen besucht, steht Giscard d'Estaing auf dem Ehrenplatz.

Es ist ein ewiges Fotorücken auf dem Kanzlerbeistelltisch, je nach Gast. Doch Opportunismus ist das keineswegs: Das jeweilige Frontbild sei doch ein »idealer Anknüpfungspunkt für ein zwangloses Gespräch«, kommentiert Kanzleramtssprecher Wolfram Wickert die Verrücktheiten seines Chefs.

Als Helmut Schmidt einmal …

… lieber mit dem Hausmeister Schach spielte

Zu den Pflichten eines Bundeskanzlers gehört es, sich zu verschiedenen Ausstellungseröffnungen zu begeben und vielleicht auch das eine oder andere warme Wort zu sagen.

Der Ausstellungsgeher Helmut Schmidt ist im fortgeschrittenen Stadium seiner Kanzlerschaft nicht immer willens oder in der Lage, Begeisterung oder Abneigung über die Exponate so zu zügeln, dass Höflichkeitsregeln eingehalten werden und keiner im Tross der Schmeichler, Schwätzer und Journalisten merkt, was den Kanzler wirklich interessiert.

Bemerkenswerterweise äußert sich Interesse wie Desinteresse am Ausgestellten bei Schmidt auf dieselbe Weise: Er verschwindet einfach.

Im November 1978 besucht Schmidt mit dem französischen Staatspräsidenten Giscard d'Estaing die Kunstausstellung »Paris – Berlin: Entsprechung und

Gegensätze« im Pariser Centre Pompidou. Es wird moderne Kunst aus beiden Ländern geboten, vor allem Expressionisten und Kubisten.

Man geht zusammen durch die Schau, man plaudert. Plötzlich sieht sich Giscard allein im Raum – der Kanzler ist zurückgeblieben. Aufgehalten hat Schmidt ein Käthe-Kollwitz-Plakat, das er lange betrachtet. Es heißt: »Nie wieder Krieg«. Noch Räume später, da steht er vor frühen Fotografien, und Giscard ist längst enteilt, murmelt er: »Sehr schön, dieses ›Nie-wieder-Krieg‹-Plakat.«

Zwei Jahre später besucht der Kanzler wieder eine Ausstellung. Diesmal in der Hamburgischen Landesvertretung in Bonn. Aber ob es daran liegt, dass er kein Herzblut für Öl hat oder der Ausstellungstitel »Mineralölwirtschaft in Hamburg« Schmidt unterfordert – der Regierungschef ist plötzlich verschwunden. Schließlich findet Hausmeister Rudolf Thiermann, der eigentlich für den Alkoholausschank zuständig ist, den Kanzler im Keller vor. Schmidt zapft sich dort gerade eigenhändig ein Bier. Die beiden kommen ins Gespräch, und Thiermann erzählt Schmidt, dass er im Besitz eines handgeschnitzten Schachspiels sei, das er einst aus der Kriegsgefangenschaft mitgebracht habe. Der Kanzler verlangt Herausgabe und sofortiges Spiel im Keller.

Nach einer halben Stunde wird es zappenduster drunten neben dem Zapfhahn. Thielemann ist schachmatt. Und der Kanzler muss leider wieder hoch zur mineralölverarbeitenden Wirtschaft, die den Kelleraufenthalt des Regierungschefs einigermaßen gut überlebt hat.

Als Helmut Schmidt einmal …

… Genscher einen Ausflug versaute

Seit 1974 erleben die Mitglieder der UNO-Vollversammlung jedes Mal Ende September, wie ein kleiner dicker Mann mit großen Ohren ans Rednerpult tritt und über den Weltfrieden redet. Und speziell über Deutschlands Rolle bei der Verwirklichung desselben, die – dank ihm – eine ganz besonders große ist. Hans-Dietrich Genscher heißt der Mann mit den Riesenohren, und er genießt einen Ruf wie Donnerhall als fleischgewordener Ausdruck außenpolitischer Vernunft.

Genscher ist Außenminister, und als solcher hat er für das Land, das er vertritt, das Rederecht vor der prestigeträchtigen Versammlung. Genscher liebt diese Auftritte: Flug mit der Luftwaffen-Boeing, großer Bahnhof, großes Zimmer im Grandhotel, große Aufmerksamkeit.

Im September 1982 steht wieder ein kleiner dicker Mann am Pult – aber der heißt nicht Hans-Dietrich, sondern Hans-Jürgen. Was ist passiert?

Am 17. September hat Bundespräsident Carstens die FDP-Minister auf Vorschlag von Bundeskanzler Schmidt entlassen – die Koalition ist zerrüttet. Schmidt will Genscher nicht mehr sehen und führt nun eine SPD-Minderheitsregierung an. Genscher weiß natürlich, dass das nur ein vorübergehender Zustand ist: Das Misstrauensvotum, mit dem Kohl Kanzler und Genscher wieder Außenminister würde, ist für den 1. Oktober angesetzt.

Genscher lässt beim amtierenden Außenminister anfragen, ob die Rede vor der Generalversammlung nicht verschoben werden könne – auf irgendeinen Zeitpunkt nach dem 1. Oktober. Doch daraus wird nichts, da ist der amtierende Außenminister vor. Und der heißt – Pech für Genscher – Helmut Schmidt. Der Kanzler hat für 14 Tage im Herbst 1982 das Außenamt selbst übernommen. Er schickt seinen Freund Hans-Jürgen Wischnewski, genannt »Ben Wisch«, nach New York. Und so kommt es, dass die UNO-Delegierten zwar wieder einen kleinen dicken Mann zu Gesicht bekommen, der aber diesmal nicht den Namen Hans-Dietrich, sondern Hans-Jürgen trägt.

Als Helmut Schmidt einmal …

… sein eigener Hoffotograf war

1976 kommen Pocketkameras in Mode – »Ritsch-Ratsch« genannt. Auch Helmut Schmidt hat eine. Das Modell Agfa Optima 5000, Preis: 239 Mark, hat ihm Bayer-Chef Herbert Grünewald geschenkt. Die Kamera ist idiotensicher, also eigentlich eine Unterforderung für den Weltökonomen.

Die Ritsch-Ratsch nimmt der Bonner Macher nun öfter mit auf Reisen und macht Fotos.

So knipst Schmidt während einer Reise nach China mit der Agfa. Fotomotive gibt's genug: Schmidt sieht die roten Willkommensbanner: »Wir grüßen den Bundeskanzler und Frau Schmidt herzlich«. Ein prima Bild. Schließlich wird der Kanzler nicht mal auf SPD-Parteitagen so begrüßt.

Propagandalosungen wie »Wir unterstützen die europäischen Nationen gegen die Hegemonisten« hingegen sind selbst für den selbstbewussten Deutschen etwas zu viel.

Schmidt besucht Viehzuchtbetriebe, eine Pekingoper, Fabriken und wird in Nanking von viertausend bunt gekleideten Kindern begrüßt, die den Tanz der Löwen aufführen. Diese Kommunismusfolklore lässt den Kanzler ziemlich kalt. Der Fotograf Schmidt mag lieber unpolitische Motive und knipst stattdessen die Chinesische Mauer.

Daheim sorgt sich der Kanzler verstärkt um die deutsche Kameraindustrie, die dabei ist, von der japanischen Konkurrenz zerquetscht zu werden. Bei fast jeder Gelegenheit fragt er die anwesende Fotografenmeute: »Hat denn hier keiner eine deutsche Kamera?« Meistens hat keiner.

Im Kanzleramt regiert zwar der Deutsche Schmidt, bei den Fotografen hingegen dominieren die Japaner Minolta, Nikon und Canon.

Für ein abgedrucktes Bild bekommt Schmidt sogar von der Zeitschrift *Gong* ein Honorar. Die 500 Mark gibt er – ganz Patriot – gleich an einen Pressefotografen weiter, damit der sich endlich eine deutsche Kamera kauft.

Als Helmut Schmidt einmal …

… seinen Panzer verlieh – und unter Beschuss des Rechnungshofes geriet

Wenn es um die Spitzenpolitik geht, bekommen Fernsehzuschauer die immer gleichen Sequenzen vorgeführt. Es ist die Bildsprache der Macht, mit der das Fernsehen signalisiert: Jetzt wird es wichtig, jetzt wird regiert.

Eine dieser Sequenzen: Dunkle Limousine fährt vor, Kanzler oder Minister steigt aus, Händeschütteln, Gruß, Abgang ins Kanzleramt. TV-Zuschauer sehen das alle paar Tage, während der Schleyer-Entführung mit ihren Krisensitzungen sogar mehrmals täglich.

Helmut Schmidt hat diese Bildsprache der Macht erweitert. Wären jemals Kameras dabei gewesen, dann hätten sie Folgendes einfangen können: Dunkle Limousine fährt vor – Schmidt-Sekretärin steigt aus.

Das kam so:

Im Sommer 1980 wird publik, dass Helmut Schmidt seine Sekretärinnen in gepanzerten Dienstfahrzeugen zur Arbeit chauffieren lässt. Liselotte Schmarsow und Marianne Duden, eine launige Berlinerin und eine fröhliche Rheinländerin, werden morgens abgeholt und abends wieder in ihre Wohnungen zurückgebracht. Als Bundestaxi werden BKA-Fahrzeuge der Sonderschutzklasse B6 und B7 verwendet. Das reicht für Angriffe mit Kalaschnikows.

Der Schmidt-Mercedes, ein 380 SE, wird auch »Panzer« genannt. Und in den Genuss des Panzers kommen neben Helmut eben auch Liselotte und Marianne. Kosten: nur 10 000 Mark im Jahr. Die Begründung liefert Kanzleramtsminister Manfred Lahnstein: Da die RAF inzwischen eingesehen habe, dass Schmidt zu gut gesichert sei, müsse man nicht mehr mit Angriffen auf seine Sekretärinnen rechnen.

Das Chauffieren der Damen im Panzer-Daimler erregt die Aufmerksamkeit des Bundesrechnungshofes. Schließlich habe es Liselotte Schmarsow drei, Marianne Duden nur sechs Kilometer nach Hause. Ob das mit dem Panzer denn sein müsse. Solche Fahrten verstießen gegen die »Richtlinien gemäß Paragraf 52 Satz 2 der Bundeshaushaltsordnung für die Benutzung von Dienstkraftfahrzeugen außerhalb der dienstlichen Verwendung bei obersten Bundesbehörden vom 2. Juli 1975«.

Rettung für Schmidts Chauffierservice kommt ebenfalls aus den Paragrafen. Dort steht, dass bei einer

Überschreitung der normalen Arbeitszeit über 19 Uhr hinaus auch »sonstigen Bediensteten« eine Staatslimousine zur Verfügung gestellt werden könne.

Schmidts Arbeitstag endet nicht selten erst gegen Mitternacht.

Trotz einiger weiterer juristischer Winkelzüge der Pfennigfuchser vom Rechnungshof bleibt der Kanzler in der Sache hart.

Schmidt, in den Sphären der Weltpolitik zu Hause, schweigt zu der Korinthenkackerei. Und beweist mit dem Autoverleih, dass er ein echter Sozialdemokrat ist: Auch die Arbeiterklasse hat ein Recht auf die Mercedes-S-Klasse, so sieht es der Kanzler. Aber nur – auch hier ist Schmidt ganz Sozialdemokrat –, wenn sie ordentlich malocht.

Als Helmut Schmidt einmal …

… ein Geschenk bekam – und es behielt

Besuche des Kanzlers – das sind auch irgendwie Kindergeburtstage. Wenn der Regierungschef kommt, dann werden Geschenke überreicht, denn das gehört sich so im Staatsgeschäft.

Was für den beschenkten Durchschnittsmann Socken und Krawatten, das sind für den Bundeskanzler Schmidt Schnupftabakdosen: mit simuliertem Lächeln entgegengenommene Geschenke, direkt aus der Ödnis der Einfallslosigkeit.

Schmidt schnieft nämlich aus keiner schmucken Dose, er holt sich seine Prise direkt aus dem Plastikbehältnis, wie es im Supermarkt erhältlich ist. Trotzdem wird er unermüdlich mit Tabakdosen bedacht. Schnell lagern Dutzende bei Schmidt.

1978 zum Beispiel wird Schmidt zur britischen Schnupftabakmeisterschaft eingeladen – er sagt aber ab. Als Souvenir der Veranstaltung bekommt er von Veranstalter Gary Cox eine Schnupftabakdose zugeschickt. Beim Schmidt-Geburtstag 1982 hat sich Fernsehproduzent Guyla Trebitsch etwas ganz Feines als Geschenk ausgedacht: eine Schnupftabakdose.

Das hindert den Oberpfälzer Bergmann Hans Friedl nicht, dem Kanzler bei einem Besuch der Maxhütte – was? – eine aus Rehhorn geschnitzte Schnupftabakdose zu überreichen. Schmidt schnupft allerdings weiter aus der Plastikdose. Immerhin: Er nimmt die Dose mit.

Das ergeht anderen Geschenken nicht so: Die 15 000-Mark-Kerzenständer aus Silber, die der Kanzler einst von Friedrich Karl Flick zum Geburtstag geschenkt bekam, lässt er beim Auszug aus dem Kanzleramt einfach stehen. Begründung: Das seien »Armleuchter«.

Und manche Geschenke überfordern selbst Krisenmanager Schmidt: Als ihm 1979 in China von Staatschef Hua Guofeng zwei Pandabären geschenkt werden, muss der Berliner Zoo die Unterbringung übernehmen: Wo hätte Schmidt auch das eigens errichtete Haus hinstellen sollen, das die Pandas Bao Bao und Tjen Tjen im Berliner Zoo schließlich bekommen, wie die Baukosten von 750 000 Mark und die Beschaffung von zwölf Kilo Bambus, Soja, Reisknödel und Hühnersuppe stemmen sollen, die beide Tiere jeweils täglich vertilgen?

Doch manche Geschenke sind zum Glück auch völlig unproblematisch – sie geschehen aus Liebe. Und Inspiration.

Im Januar 1981 stellt der türkische Tischlermeister Mirza Aytekin dem Kanzler, der auf dem Tiefpunkt seiner Popularität angekommen ist, einen massiven Couchtisch vor die Tür: aus Begeisterung für Schmidt.

Der Tisch hat eine Platte, die mit einer 65 000-teiligen Einlegearbeit versehen ist. Dabei kommen Nussbaum, Ahorn, Palisander und Mahagoni zum Einsatz. Mit anderen Worten: Das Ding ist robust.

Ob es die Freude darüber ist, dass er mal keine Schnupftabakdose bekommt, oder echte Begeisterung – Schmidt sagt jedenfalls nur zwei Worte: »einfach fantastisch«.

Als Helmut Schmidt einmal …

… kein Steuerproblem hatte

Schmidt liebt den großen Auftritt nicht – sagt er. Und wenn doch – mit seinem Freund, dem amerikanischen Präsidenten Gerald Ford, könnte der Vorsteher der Wirtschaftsmacht Bundesrepublik eh nicht mithalten: Wenn der erste Mann der freien Welt vorfährt, dauert es zehn Minuten, bis der aus Dutzenden von Secret-Service-Fahrzeugen, Notarztwagen und zwei identischen Präsidentenlimousinen bestehende Konvoi am kleinen Mann auf der Straße vorbei ist.

Bei Schmidt geht es bescheidener zu: Der Kanzler rückt mit drei Limousinen an – vorn und hinten jeweils ein Daimler, besetzt mit Beamten der Sicherungsgruppe Bonn, mittendrin der Kanzler im silbergrauen 350 SE. Schmidt sitzt hinten links: Er hält das so, weil er auf dem rechten Ohr besser hört. So kann er sich unterhalten, falls mal einer mitfährt.

Schmidt sitzt aber nicht immer hinten links; manchmal sitzt er auch ganz woanders. Dann ist Kanzlerfahrer Willi Jülich mal wieder arbeitslos. Wie im Herbst 1976. Schmidt muss sein Amt gegen Helmut Kohl verteidigen. Es geht auch um Steuern – die Union unterstellt dem Kanzler, er wolle diese auf Druck der Radikalinskis in den eigenen Reihen und aus lauter Kapitalismusfeindschaft bis ins Unendliche erhöhen.

Dabei hat der Kanzler keine Probleme mit Steuern. Was viele Wahlbürger nur zu gut wissen, die sich bei der Vorbeifahrt der Kanzlerkolonne nicht selten fragen: Wer ist eigentlich dieser Chauffeur von Schmidt, der fast genauso aussieht wie Schmidt selbst? Hat der Kanzler jetzt einen Doppelgänger?

In diesem Fall ist die Antwort einfach: Es ist wirklich der Bundeskanzler, der sich – sehr zum Missfallen seiner Leibwächter – wieder mal selbst ans Steuer gesetzt hat, nicht ohne vorher seinen vorfahrenden Beschützern im Kanzlerton zuzurufen: »Jungs, fahrt mir ja nicht zu schnell.« Schließlich ist es für den Opel-Fahrer Schmidt, der 1975 wegen der Ölkrise von einem Commodore auf einen Rekord umgestiegen ist, mal was anderes, einen schweren Mercedes zu steuern.

Die Jungs fahren selten zu schnell, aber manchmal hilft auch das nichts: Im November 1976 will eine Frau in Bonn die Straße überqueren – und läuft in einen silbergrauen Mercedes. Und so sehen die Menschen in Bonn, wie sich ein Mann mit streng gescheiteltem Silberhaar zur Erstversorgung einer Leichtverletzten hinunterbeugt und sie beruhigt, bis der Notarzt kommt.

Es ist Helmut Schmidt. Später wird er der Frau noch Blumen ins Krankenhaus schicken.

Als Helmut Schmidt einmal …

… die RAF zum Sommerfest einlud und deren Videoband vollschnupfte

Im Sommer 1976 ist Helmut Schmidt in Kampfstellung. Gefahren für die Demokratie müssen abgewendet werden, der Untergang der Bundesrepublik droht: Dr. Helmut Kohl kandidiert gegen den amtierenden Bundeskanzler der Bundesrepublik Deutschland. Im Herbst ist Wahl.

Kohl hat sich dafür extra eine neue schicke Bille gekauft. Schmidt nicht. Die RAF tritt erst ein Jahr später gegen Schmidt an – ebenfalls nach Anfangserfolgen letztlich vergebens.

Doch jetzt ist Frühsommer. Jetzt ist erst mal Kanzlerfest. Die Gemeinsamkeit der Demokraten stellt sich bei der traditionellen Kanzlersommersause immer spätestens beim Anstellen vorm Zapfhahn ein, denn die Feste sind auch große Kollektiv-Exzesse. Statt Freiheit, Gerechtigkeit und Solidarität Bier, Schnaps und Wein.

Eingeladen ist auch ein junger Mann mit langen Haaren und verwegenem Blick: der Schauspieler Christof Wackernagel. Der »deutsche James Dean« steht zu diesem Zeitpunkt genau für das, was Helmut Schmidt auf den Tod nicht ausstehen kann: linke Kulturschickeria – wirres Haar, wirre Gedanken und noch nie Popper und Seneca gelesen, dafür zu viel Marx und Marcuse.

Wackernagel hat längst Kontakte in die RAF-Unterstützer-Szene und ist im BKA-Computer gelistet. Dass er 1976 trotzdem an allen Kontrollen vorbei und dazu noch bewaffnet mit einer Videokamera direkt ins Herz der Bestie auf das Kanzlerfest vordringen kann, kam so:

»Ich drehte damals mit Beatrice Richter in Baden-Baden. Irgendwie wollte die sozialliberale Regierung wohl demonstrieren, wie aufgeschlossen sie für linke Bohemiens ist – und so bekam ich eine Einladung für zwei Personen. Wir sind mit Beatrice Richters Porsche mit 220 nach Bonn gerast. Und Beatrice' Lächeln genügte, um an allen schwerbewaffneten Kontrollen vorbei direkt zu Schmidt zu marschieren.«

Wackernagel dreht mit einer Sony AV 3670-Halbzoll-Videokamera der ersten Generation. 19 Kilo wiegt das Bandgerät, zwei Kilo zusätzlich die Kamera. Preis der Ausrüstung zur Aufklärung der Volksmassen: 6000 Mark.

Dasselbe Modell wird später für die Schleyer-Videobänder verwendet. Statt des riesigen Videorekorders hätte er auch eine Bombe aufs Kanzlerfest schmuggeln können – eine Sicherheitslücke.

Wackernagel filmt die Bonner Politik-Prominenz: »Ich war überrascht, dass Schmidt sich sofort in Pose wirft, selbst bei einer so kleinen Kamera wie meiner.«

Das Material ist als Propaganda gegen die Imperialisten und Faschisten in der Bonner Regierung gedacht, die sich beim Kanzler den Bauch vollschlagen.

Nach Vorführung des Wackernagel-Werkes stellen sich die RAF-Genossen Imperialisten und Faschisten wohl ungefähr so vor: Sie bieten schönen Frauen eine Zigarette an, nehmen eine Prise Schnupftabak und lächeln – etwas verlegen – in die Kamera. Denn genau das tut Helmut Schmidt auf den Aufnahmen. Und wirkt dabei durchaus sympathisch.

Und Wackernagel, für den Schmidt Feindbild Nummer eins ist, erwischt sich bei dem Gedanken: »Respekt.« Im Sommer 1977 schließt er sich endgültig der RAF an, und das Video wird später bei ihm gefunden.

Das Vorkommnis führt 1978 zu einer erheblichen Verschärfung der Zugangskontrollen von Journalisten zum Kanzler.

Wohl fühlte sich Wackernagel auf der Imperialisten-Party trotz des Coups mit der Kamera und trotz exzellenter Schaumweinversorgung nicht – er aß nur ein Paar Faschistenwürstchen: »Die haben ja alle bis zum Umfallen gesoffen. Ich war ja eher Kiffer.«

Als Helmut Schmidt einmal …

… zur Waffe griff

Die Kabinettssitzungen im Juli 1978 sind für alle Beteiligten eine anstrengende Sache. Das sind sie natürlich grundsätzlich, weil der Kanzler das Aktenstudium liebt und sich einen Jux daraus macht, mindestens genauso gut informiert zu sein wie die für die Ressorts zuständigen Minister, wodurch die Sitzungen für die Vortragenden zu Schulstunden werden – Oberstudienrat Schmidt fragt ab.

Aber in jenem Juli sind die Ministertreffen darüber hinaus sehr enervierend. Erstens steht Mitte des Monats der Weltwirtschaftsgipfel in Bonn an – da kommen Männer nach Bonn, denen Schmidt – bei aller Liebe zu wichtigen Ressorts wie jenem für das Post- und Fernmeldewesen – aufmerksamer zuhört als etwa Kurt Gscheidle. Zum Beispiel Giscard d'Estaing oder der kanadische Ministerpräsident Trudeau.

Im Sommer 1978 kommt noch dazu, dass die FDP ihre angestammte Rolle nicht angemessen ausfüllt: Sie zickt. Die Liberalen wollen die Steuern senken, um Schmidt, der gerade den Höhepunkt seiner Beliebtheit erreicht hat, Paroli zu bieten.

Und weil der Kanzler dem Mann mit den großen Ohren im Augenblick wohlgesinnt ist, bekommt Genscher seine Tarifsenkungen im Wert von 15 Milliarden Mark. Eine besonders harte Nuss ist die Lohnsummensteuer. Obwohl aufgerundete 100 Prozent der Bundesbürger wohl noch nie etwas davon gehört haben, wird im Kabinett auch diese Steuer ausgiebigst besprochen und verhandelt.

Und Schmidt denkt während des mehrtägigen Verhandlungsmarathons nicht daran, Einzelheiten anderen zu überlassen – schließlich war er selber mal Finanz- und Wirtschaftsminister. Er macht sich Notizen, fragt nach und wirft mit Zahlen um sich. Ohne jemals zu ermüden, wird er nach der Sitzungsorgie sagen: »Sie finden mich in einem heiteren Gemütszustand.«

Nicht alle sind in einem heiteren Gemütszustand. Landwirtschaftsminister Ertl, ein dicker Bayer, der schon qua Herkunft nichts mit Schmidts schnupftabakgestärkter protestantischer Ethik anfangen kann und sich nachts sicher Angenehmeres vorstellen kann, als über die Lohnsummensteuer zu verhandeln, kritzelt in einer der späten Sitzungen ein subversives Kunstwerk aufs Regierungspapier. Es zeigt Schmidt als Cowboy, der seine Minister mit Waffengewalt in Schach hält. Titel des Ertl-Kunstwerkes: »Kabinett – 0 Uhr«.

Als Helmut Schmidt wieder einmal ...

... ein düsteres Bild der USA malte

Helmut Schmidt ist durchaus jemand, der um die Gefahren weiß, denen die deutsche Seele ständig ausgesetzt ist. Nicht umsonst sagt er in seiner Abschiedsrede im Bundestag: »Die Deutschen bleiben ein gefährdetes Volk, das der Führung bedarf.« Natürlich durch ihn.

Und wenn das nicht geht, dann eben mit zweitklassigem Personal.

Eine dieser Gefahren für die deutsche Seele, von denen Schmidt spricht, heißt: Antiamerikanismus. Schmidt ist in der erfreulichen Situation, das unangenehme Phänomen ersetzt zu haben. Er darf als Erfinder des Anti-Carterismus gelten: Seit der Erdnussfarmer im Weißen Haus regiert, braucht Schmidt keinen Antiamerikanismus mehr; die innige Abneigung gegen Carter reicht ihm.

Doch aus der Psychoanalyse wissen wir: Was drin ist im Menschen, muss irgendwann raus.

Aber auch hier ist Schmidt im Vorteil. Denn anders als beispielsweise die von ihm verachtete Jugend, die ihre Einstellung zu Amerika schon seit Längerem durch das Verbrennen der Stars and Stripes, durch »USA-SA-SS«-Plakate und durch tränengasgetränkte Begrüßungsrituale für amerikanische Präsidenten zum Ausdruck bringt, hat der kunstsinnige Schmidt andere Mittel, um seinem Unterbewusstsein Erleichterung zu verschaffen: Er malt. Mit japanischer Kreide.

Im Sommer 1979 ist er wieder mal in seinem Wochenendhaus am Brahmsee. Was er mitbringt, ist nicht nur Optimismus in Bezug auf seinen eigenen Sprengel, Deutschland, sondern auch Pessimismus in Bezug auf die westliche Führungsmacht, was ja nichts Neues ist, seit Jimmy Carter als Ober-Ami amtiert.

Dem *Spiegel* zeigt der Kanzler eines seiner Bilder, das in düstersten Farben gehalten ist: einem tiefen Blau, einem schwarzen Tiefschwarz. Es zeige, sagt Schmidt, eine Skyline im »allerletzten Abendlicht«. Titel des Werkes: »Amerika«.

Als Helmut Schmidt einmal …

… Franz Josef Strauß gratulierte

Im Herbst 1975 herrscht in Bayern Ausnahmezustand. Bierselige Männer in Tracht wanken durch die Straßen, schlagen sich in seltsamen Verrenkungen selbst auf die Schenkel, schießen mit altmodischen Karabinern in die Luft. Nein, es ist nicht Oktoberfest – Franz Josef Strauß, der Ober-Bayer, feiert seinen Sechzigsten.

Wochenlang, so schreibt die *Zeit* damals, schwimmt FJS »auf einer Woge von Vorfeiern, Hauptfeiern und Nachfeiern zwischen Kreuth-Alm und Tegernsee, in München zwischen Hofbräuhaus und Residenz«.

Strauß hat inzwischen mehrere Wandlungen durchgemacht. Vom affärengestählten Trickser (Lockheed-Skandal/*Spiegel*-Affäre) zum geachteten Finanzminister zum bayerischen Volksschauspieler, der – zur Gaudi des bundesweiten Publikums – die Bühne der Bonner Republik bespielt, bedampft, bepoltert. Mit seinen armdicken Koteletten, der beindicken bunten

Krawatte rangiert er irgendwo zwischen den Komödienstadl-Schauspielern Gustl Bayrhammer und Willy Harlander, die damals genauso aussehen.

Zu den Gratulanten gehören Staatsmänner aus aller Welt. Auch Helmut Schmidt möchte versuchen, seine Wertschätzung für den Bayern zum Ausdruck zu bringen.

Es bleibt beim Versuch: »Vor fast zehn Jahren, als Sie gerade 50 geworden waren, bin ich gefragt worden, was ich von Ihnen hielte. Ich halte es für reizvoll, einen Teil meiner damaligen Antwort in Erinnerung zu rufen, weil damit ein Stück Kontinuität zum Ausdruck kommt: ›Manchmal bin ich auf den Mann sehr zornig gewesen, und manchmal habe ich ihn für eine ganz gefährliche Kraft gehalten, und ich glaube, dass er in Zukunft, wenn er Fehler macht, gefährlich sein kann. Andererseits sehe ich, dass er sich Mühe gibt, sich in den Griff zu kriegen‹ … mit freundlichen Grüßen, Ihr Helmut Schmidt.«

1980 wird der so Geehrte versuchen, zum Bundes-Strauß zu werden – vergeblich: Die Deutschen wollen in dem mit Atomraketen vollgestopften Land niemanden als Kanzler, »der sich Mühe gibt, sich in den Griff zu kriegen«. Und in diesem Bemühen leider regelmäßig scheitert.

Quellennachweis

Seite 8
Neue Ruhr/Neue Rhein-Zeitung: »Hurra, hurra – alle Schmidts waren da«, 2.9.1978, S. 9
Westdeutsche Allgemeine Zeitung: »Der Kanzler bat in den Blumenhof«, 26.7.2010

Seite 11
Hamburger Abendblatt: »Fast wie gerufen kamen die Rüsselkäfer zum Kanzleramt«, 4.11.1978, S. 13

Seite 13
Hamburger Abendblatt: »Bonn verhängt für Ford Sicherheitsstufe eins«, 25.7.1975, S. 1
Der Spiegel: »Carter und Schmidt: Neue Sachlichkeit«, Nr. 29/1978 v. 17.7.1978, S. 20

Seite 16
Der Spiegel: »Da kommen Sie doch nicht ran«, Nr. 35/1977 v. 22.8.1977, S. 26-27
Hamburger Abendblatt: »Kanzler-Sturz in den Brahmsee – Schmidt half Schmidt«, 9.8.1977, S. 1

Seite 19
The New York Times: »President and Chancellor: Shaky Link, Under Repair«, 15.7.1978, S. 3

Seite 21
Der Spiegel: »Bammel vor dem Umzug«, Nr. 10/1976 v. 1.3.1976, S. 34
Der Spiegel: »Personalien«, Nr. 25/1976 v. 16.6.1975, S. 130
Hamburger Abendblatt: »Hausherr Schmidt ließ sich nicht blicken«, 16.10.1974, S. 2
Hamburger Abendblatt: »Wer geht, weiß nicht, wer kommt«, 31.1.1976, S. 13

Seite 24
Hamburger Abendblatt: »Vereinsmeier Schmidt zahlt in viele Kassen«, 27.10.1978, S. 3

Seite 27
Der Spiegel: »Personalien«, Nr. 20/1979 v. 14.5.1979, S. 248

Seite 30
Klaus Bölling: *Die letzten 30 Tage des Kanzlers Helmut Schmidt. Ein Tagebuch*, Reinbek bei Hamburg 1982, S. 88

Seite 32
»Der Helmut Schmidt, der hat ein einmaliges Haar«. Willi Münch, Friseur im Bonner Bundeshaus, im Gespräch mit Thomas Hauschild, Deutschlandfunk 23.10.1982

Seite 34
Helmut Schmidt, Bundestagsrede vom 20. Oktober 1977, in: Plenarprotokoll, 8. Wahlperiode, 50. Sitzung, S. 3760 (Bundespresseamt)

Seite 37
Bild-Zeitung, 30.10.1972, S. 1

Seite 39
Olaf Kanter: »S.O.S. im Nordatlantik«, *Mare*, Nr. 29/2001 S. 60ff.
Die Zeit: »This is Mu … en«, Nr. 51/1998 v. 10.12.1998
Nürnberger Nachrichten: »Verschollen im Nordatlantik«, 14.12.2008

Seite 41
Die Zeit: »Keine Konjunktur für Jusos«, Nr. 51 v. 18.12.1970
Hamburger Abendblatt: »Wehner entschuldigte sich«, 16.12.1970, S. 1

Seite 43
Der Spiegel: »Die größte Männer-Party der Welt«, Nr. 30/1982 v. 26.7.1982, S. 18

Seite 46
Westdeutsche Allgemeine Zeitung: »Der Kanzler bat in den Blumenhof«, 26.7.2010
Neue Ruhr/Neue Rhein-Zeitung: »Hurra, Hurra, alle Schmidts waren da«, 2.9.1978, S. 9

Seite 49
Hamburger Abendblatt: »Schmidt machte seine ›Drohung‹ wahr«, 15.1.1975, S. 13

Seite 51
Hamburger Abendblatt: »Schmidts ›Geisterstunde‹«, 24.9.1982, S. 1

Seite 53
Hamburger Abendblatt: »Wenn der Kanzler in der Nacht geweckt wird …«, 24.11.1981, S. 11
Der Spiegel: »Minister: Schlapp und schwitzig«, Nr. 7/1972 v. 7.1.1972, S. 26-27

Seite 56
Die Zeit: »Ab und zu auch mal ein Marsch«, Nr. 51/2005 v. 15.12.2005
Hamburger Abendblatt: »Theater lockert die Soldaten auf«, 4.5.1970, S. 2
Der Spiegel: »Militär Swing«, Nr. 27/1972 v. 26.6.1972, S. 105
»Stichtag – vor 75 Jahren: Bandleader Günter Noris wird geboren, 5.6.2010«, http://www1.wdr.de/themen/archiv/stichtag/stichtag4462.html <http://www1.wdr.de/themen/archiv/stichtag/stichtag4462.html>

Seite 59
»Damals im Osten, Mitteldeutschland 1945 bis heute« (mdr),
http://www.mdr.de/damals/schmidt154_page-3_zc-c0952f36.html
Die Zeit: »Eine Stadt ohne Frauen und Kinder«, Nr. 52/1981 v. 18.12.1981
Die Zeit: »Nicht rufen: Auf Wiedersehen!«, Nr. 49/2006 v. 30.11.2006

Seite 62
Helmut Schmidt: »Das Mozart-Konzert« (Audio-CD, 2009)
Die Zeit: »Die andere Seite des Realisten«, Nr. 52/2008 v. 27.6.2013

Seite 64
blog.vorwaerts.de: Buchbesprechung Thomas Birkner: *Comrades for Europe?* http://blog.vorwaerts.de/nachrichten/helmut-schmidts-ae-kleine-geschichte-ae
Hamburger Abendblatt: »Seine Waffe war britischer Humor«, 2.12.1974, S. 17

Seite 66
Der Spiegel: »Die FDP kriegt keinen anderen Freier mehr«, Nr. 49/1982 v. 6.12.1982, S. 19
Zeit-Magazin: »Auf eine Zigarette mit Helmut Schmidt«, Nr. 1/2009 v. 23.12.2008
Hamburger Abendblatt: »Aus deutschen Landen«, 1.12.1982, S. 2

Seite 68
Der Spiegel: »Personalien«, Nr. 32/1978 v. 15.1.1979, S. 154
Hamburger Abendblatt: »Stichwort: Laser-Jolle«, 28.12.1981, S. 2

Seite 70
Die Zeit: »Worte der Woche«, Nr. 5/1980 v. 25.1.1980

Seite 72
Der Spiegel: »Dann rumpelt es in der Brust«, Nr. 43/1981 v. 15.1.1979, S. 26
Klaus Staeck (Hrsg.): *Einschlägige Worte des Kandidaten Strauß*, Göttingen 1980

Seite 75
Der Spiegel, »Giscard küsst nicht jeden«, Nr. 7/1980 v. 11.2.1980, S. 22
Jürgen Leinemann: *Höhenrausch*, München 2005

Seite 77
Neue Osnabrücker Zeitung: »Von Boccia-Spieler Adenauer bis Ober-Fan Merkel: Die Bundeskanzler und die Nationalmannschaft«, 6.6.2012
Die Zeit, »Neuer Partner im Élysée«, Nr. 22/1987 v. 22.5.1987

Seite 79
Der Spiegel: »Con grande amicizia«, Nr. 50/1977 v. 5.12.1977, S. 23

Seite 81
Der Spiegel: »Personalien«, Nr. 13/1981 v. 23.3.1981, S. 250
Hamburger Abendblatt: »Der Kanzler raucht wieder – wird nun alles besser?«, 12.1.1982, S. 9

Seite 83
Hamburger Abendblatt: »Geburtstags-Sekt«, 20.12.1977, S. 6
Hamburger Abendblatt: »Der Kanzler auf Blütenfahrt«, 5.5.1980, S. 8
Hamburger Abendblatt: »Neues Wachhäuschen für den Kanzler«, 2.2.1978, S. 4
Der Spiegel: »Personalien«, Nr. 15/1975 v. 7.4.1975, S. 170
Europhoto, dpa, 9.5.1982, http://www.europhoto.eu.com/EuropeanaDetail.aspx?file=DPA_35659575.jpg

Seite 85
Der Spiegel: »Personalien«, Nr. 43/1980 v. 20.10.1980, S. 282

Seite 87
Hamburger Abendblatt: »Strafzettel für Helmut Schmidt«, 21.2.1980, S. 2

Seite 89
Der Spiegel: »Ein guter Abgang ziert die Übung«, Nr. 29/1972 v. 10.7.1972, S. 19
Der Spiegel: »Hoffen auf den Macher«, Nr. 20/1974 v. 13.5.1975, S. 25

Seite 91
Der Spiegel: »Personalien«, Nr. 53/1980 v. 29.12.1980, S. 106
Die Zeit: »Schmidts beschwipste Fliegen«, Nr. 4/1981 v. 16.1.1981

Seite 93
Der Spiegel: »Personalien«, Nr. 45/1979 v. 5.11.1979, S. 281
Der Spiegel: »Kokolores aus der Mainzer Uni«, Nr. 51/1985 v. 16.12.1985. S. 73, 74

Seite 95
Hamburger Abendblatt: »Stramme Leistung«, 18.11.1977, S. 2
Hamburger Abendblatt: »Sogar die Heidenelken hat er, ratsch, abgemäht«, 4.8.1980, S. 2
Hamburger Abendblatt: »Der Kanzler und die Harke«, 25.9.1982, S. 2
Klaus Bölling: *Die letzten 30 Tage des Kanzlers Helmut Schmidt. Ein Tagebuch*, Reinbek bei Hamburg 1982, S. 96-97

Seite 98
Der Spiegel: »Kanzler Schmidt: Hoffen auf den Macher«, Nr. 20/1974 v. 13.5.1974, S. 20, 30
Frankfurter Allgemeine Zeitung: »Befragtes Ungesagtes«, 7.10.2012
Die Zeit: »Worte der Woche«, Nr. 11/1981 v. 6.3.1981

Seite 101
Hamburger Abendblatt: »Wenn beim Kanzler die Bilder verrückt werden«, 15.9.1980, S. 1

Seite 104
Der Spiegel: »Nur zum Schluss die vertraute Symbolik«, Nr. 45/1978 v. 6.11.1978, S. 24
Hamburger Abendblatt: »Zapfender Kanzler«, 25.4.1980, S. 2

Seite 107
Klaus Bölling: *Die letzten 30 Tage des Kanzlers Helmut Schmidt. Ein Tagebuch*, Reinbek bei Hamburg 1982, S. 88

Seite 109
Der Spiegel: »›Nein, Mao habe ich nicht gesehen.‹ Max Frisch mit Kanzler Helmut Schmidt in China«, Nr. 7/1976 v. 9.2.1976, S. 115
Der Spiegel: »Personalien«, Nr. 2/1978 v. 9.1.1978, S. 138
Der Spiegel: »Personalien«, Nr. 26/1978 v. 26.6.1978, S. 186

Seite 111
Der Spiegel: »Eiserner Chef«, Nr. 30/1981 v. 20.7.1981, S. 68
Die Zeit: »Regieren bei Suppe und trocken Brot«, Nr. 43/1975 v. 17.10.1975

Seite 114
Hamburger Abendblatt: »Prachtstück für Kanzlers Eigenheim«, 10.1.1981, S. 5
Der Spiegel: »Meister Ritter«, Nr. 49/1984 v. 3.12.1984, S. 123-24
Der neue Tag – Oberpfälzischer Kurier: »Tabakdose für Helmut Schmidt – Geschichten von Auerbacher Bergmännern«, 11.12.2010

Seite 117
Hamburger Abendblatt: »Blumen vom Kanzler«, 20.11.1976, S. 2
Hamburger Abendblatt: »Buttercreme-Torte und Cola für Helmut Schmidt«, 1.10.1976, S. 3
Die Zeit: »Regieren bei Suppe und trocken Brot«, Nr. 43/1975 v. 17.10.1975

Seite 120
Gespräch mit Christof Wackernagel, 11.7.2013
Der Spiegel: »Aus Engelchens Welt in den Untergrund«, Nr. 25/1977 v. 31.10.1977, S. 60
Der Spiegel: »Erzieherische Kraft«, Nr. 26/1978 v. 26.6.1978, S. 31
Der Spiegel: »Harte Kiste«, Nr. 9/1980 v. 25.2.1980, S. 88

Seite 124
Hamburger Abendblatt: »Die Stationen eines politischen Lebens als Krisenmanager«, 27.10.1982, S. 14
Der Spiegel: »Steuern: Da wird uns noch einiges blühen«, Nr. 31/1978 v. 31.7.1978, S. 21

Seite 127
Der Spiegel: »Personalien«, Nr. 36/1979 v. 3.9.1979, S. 266

Seite 129
Der Spiegel: »Personalien«, Nr. 38/1975 v. 15.9.1975, S. 170
Die Zeit: »Ein Vulkan, der noch Feuer speit«, Nr. 38/1975 v. 12.9.1975